EUROPAVERLAG

GUNNAR KAISER

DIE ETHIK DES IMPFENS

Über die Wiedergewinnung der Mündigkeit

EUROPAVERLAG

Dieses Buch enthält Links zu externen Webseiten Dritter, auf deren Inhalte der Europa Verlag keinen Einfluss hat. Deshalb können wir für diese fremden Inhalte auch keine Haftung übernehmen. Für die Inhalte der verlinkten Seiten ist stets der jeweilige Anbieter oder Betreiber der Seiten verantwortlich. Die verlinkten Seiten wurden zum Zeitpunkt der Verlinkung auf mögliche Rechtsverstöße überprüft, rechtswidrige Inhalte waren nicht erkennbar. Bei Bekanntwerden von Rechtsverletzungen werden wir derartige Links umgehend entfernen.

FSC
www.fsc.org
MIX
Papier aus verantwortungsvollen Quellen
FSC® C014889

Umschlaggestaltung: Hauptmann & Kompanie Werbeagentur, Zürich
Redaktion: Silwen Randebrock, Berlin
Layout und Satz: Robert Gigler, München
Gesetzt aus der Minion Pro und der Meta
Druck und Bindung: Pustet, Regensburg
ISBN 978-3-95890-504-7

www.europa-verlag.com

»Was meine Mitbürger gut nennen, halte ich in meinem Innersten zum größten Teil für schlecht, und wenn ich irgend etwas bereue, so ist es höchstwahrscheinlich mein gutes Betragen. Welcher Dämon hatte mich besessen, dass ich so brav gehorchte?«

Henry David Thoreau, Walden

INHALTSVERZEICHNIS

Kapitel 1

PLÖTZLICH DIESE ÜBERSICHT

Langsam erkennen wir: Wir befinden uns auf einem Gipfel. Der Himmel reißt auf, hier und da zeigen sich helle blaue Flecken inmitten eines dunklen Ozeans aus Wolken. Der Nebel, von dem wir nun erst begreifen, dass er unsere Sicht die ganze Zeit schon eingeschränkt hatte, lichtet sich. Umrisse werden erkennbar, die Landschaft um uns herum – dunkler Wald, darin Pfade und Wege, Bachläufe, Flüsse, Seen – lässt erahnen, wie wir hierhergekommen sind – und vielleicht auch, was uns noch bevorsteht. Ein diffuses Panorama dieser Welt, das zugleich ein Panorama unseres Inneren ist, eine Topografie unseres Denkens und Fühlens, unserer Ängste und Hoffnungen. Vor uns liegen in einer unregelmäßigen Kette weitere Berggipfel. Ob sie höher sind als der, auf dem wir stehen, können wir nur mutmaßen. Wir befürchten es.

Irgendwann werden wir den Weg ins Tal einschlagen müssen. Jeder dieser Gipfel ist eine Entscheidung. Jeder Gipfel teilt unsere Welt. Die Bergkette vor uns ist der Grat, auf dem wir wandern, und zugleich eine Wasserscheide. Die Quellen rechts von uns werden in ein anderes Meer münden als die links von uns. Was sich hier scheidet, wird nie wieder zusammenkommen. Für das Wasser und für uns gibt es keinen mittleren Weg. Wir können nur unsere Einbildungskraft bemühen, um uns vorzustellen, wie das Leben an den Küsten dieses einen Meeres aussehen wird – und ob es an den Küsten des anderen Meeres nicht doch besser wäre.

Vielleicht ist es müßig, sich das vorzustellen, vielleicht haben wir ohnehin keine Wahl, vielleicht ist der Weg dahin noch viel zu weit, zu wild und unvorhersehbar. Doch zugleich merken wir: Die Erde bebt. Irgendwo da unten gab es ein fernes Beben, und noch immer gerät der Boden unter unseren Füßen ins Wanken. Nicht nur der Nebel, auch das Erdreich bricht auf. Gibt nach. Wir sind längst ins Driften geraten. Wir suchen Halt und wissen nicht: Ist noch Zeit, sich für eine Seite zu entscheiden? Oder wird uns der Boden, auf dem wir noch vor kurzer Zeit so fest zu stehen meinten, mit sich ziehen, ohne auf unsere Vorlieben für eine der beiden Seiten Rücksicht zu nehmen? Ist es überhaupt noch sinnvoll, sich zu fragen, wofür man steht, wenn die Erde längst in unaufhaltsame Bewegung geraten ist? Was bedeutet in unserer Lage noch Widerstand, wenn das Beben und seine Folgen längst entschieden haben, an welchem Meer wir enden werden?

Wir wissen nicht, ob uns noch eine bewusste Entscheidung bleibt oder ob es bereits zu spät ist. Welcher Schmerz liegt darin, aber auch welche Freude – nicht anders zu können, als in der schwankenden Ungewissheit zu suchen, zu fragen, immer wieder zu fragen: Welcher Mensch wollen wir sein? An welchem Meer wollen wir leben?

Kapitel 2

DAS BEBEN

Ein fernes Beben? Der Boden soll ins Wanken geraten sein? Von welchem Erdrutsch ist hier die Rede, werden sich manche fragen, die in der derzeitigen Lage keine größere Krisensituation ausmachen können oder wollen. Eine Krisensituation, auf die reagiert wurde und auf die wir weiter reagieren müssen – und die Art der Reaktion wird bestimmen, in welche Richtung sich unsere Gesellschaften entwickeln.

Während der vergangenen zwei Jahre konnte jeder die unter unmittelbarem Handlungsdruck und weitestgehend unüberlegt erfolgten Reaktionen von Seiten der Politik, der Wirtschaft, der Wissenschaft und der Medien in Echtzeit erleben. Dennoch scheinen diese Entwicklungen sich für einige so langsam und unmerklich abgespielt zu haben, dass sie in ihnen keinen die Grundfeste unseres Zusammenlebens erschütternden Bruch mit der Normalität zu erkennen scheinen. Doch wenn jemand vor zwei oder drei Jahren vorausgesagt hätte, dass eine weltweite Pandemie ausgerufen werden würde, die man auf Grundlage eines Testverfahrens feststellt, dessen Tauglichkeit auf einer einzigen, innerhalb von 24 Stunden zur Veröffentlichung freigegebenen, von Forschern mit eklatanten Interessenskonflikten verfassten Studie beruht[1] – ein Testverfahren, das weder zwischen aktiven und vergangenen Infektionen unterscheiden noch eine tatsächliche Erkrankung nachweisen kann und eine hohe Fehlerquote hat, wenn 35 Zyklen überschritten werden, was aber nirgendwo einsehbar kontrolliert wird (ebenso wenig wie die Anzahl der getesteten Gensequenzen), und durch das aufgrund der kaum faktisch belegten Annahme asymptomatischer Ansteckung die bloße Möglichkeit eines Kollapses des Gesundheitssystems prognostiziert wurde, weswegen man quasi unbefristete Lockdowns ausruft, die laut dem renommiertesten Epidemiologen der Welt keinen größeren Nutzen haben[2], aus Angst vor einer Krankheit, die für 99 % der Menschen relativ ungefährlich und selbst für 99,77 % der positiv Getesteten nicht tödlich ist, deren Todesopfer genauso alt werden wie die Lebenserwartung ist (wobei bei denen nicht einmal zwischen an und mit Corona gestorben unterschieden wird und sie auch lange Zeit nicht obduziert wurden) und es auch in Ländern ohne oder mit wenig Maßnahmen keine signifikante Übersterblichkeit gibt[3] … dafür aber nie da gewesene Eingriffe in Freiheit, Selbstbestimmung und Privatsphäre, eine globale wirtschaftliche Rezession, die Spaltung der Gesellschaft, überfüllte Psychiatrien für Kinder und Jugendliche, denen eine erfüllende Gegenwart verweigert sowie die Zukunft zerstört wurde, und eine voraussichtlich regelmäßige gentechnikbasierte Behandlung durch eine Massenimpfung samt digitalem Impfausweis, der eine Impfung mit einem experimentellen Impfstoff bestätigt, der weder sterile Immunität garantiert noch zuverlässig gegen Virusvarianten schützt, dafür aber die Gefahr bedenklicher Nebenwirkungen hat, und von der dann bis in alle Ewigkeit die Gewährung weiterer Privilegien (früher: Grundrechte) abhängig gemacht werden kann … wenn jemand das vor zwei oder drei Jahren vorausgesagt hätte – wie hätten wir reagiert?

Wir alle hätten ihn sicherlich für verrückt erklärt. Nun aber teilt sich unsere Welt in die Gruppe derer, die das alles ganz normal finden, und die Gruppe derer, die nur noch den Kopf schütteln über unsere Zeit, deren Seuche es ist, dass Verrückte Blinde führen, wie es in Shakespeares »König Lear« heißt. Unsere Welt ist unheilvoll gespalten. Der Riss geht quer durch die Gesellschaftsschichten, durch Freundschaften, durch Familien. Es ist ein Riss, der uns, ob wir es wollen oder nicht, in zwei Lager teilt. Ob wir diesem oder jenem Lager angehören, sagt etwas darüber aus, ob wir die Entwicklung der letzten beiden Jahre gutheißen, sie normal finden oder als Anfang einer gefährlichen Entwicklung, der unsere Freiheit und Menschenwürde zum Opfer fallen könnten, beklagen. Das Lager, dem wir angehören sagt auch etwas darüber aus, wie wir denken und fühlen – kurz darüber, was für ein Mensch wir sind. Die Entwicklung der letzten Jahre hat uns eine Welt beschert, in der die Menschen des einen Lagers, die auf die philosophischen Fragen nach dem Wesen des Menschen und unserem Zusammenleben grundlegend andere Antworten haben als die Menschen des anderen Lagers, kaum noch Berührungspunkte zu haben scheinen. Es ist alles gesagt, der Worte sind genug gewechselt, mit Argumenten ist die Gegenseite nicht mehr zu erreichen (war sie es je?) und nun müssen Taten folgen.

In diese gespaltene Welt tritt nun plötzlich, wenn auch nicht völlig überraschend, die Frage nach der Impfung. Wie halten wir es damit? Sind wir skeptisch oder optimistisch? Wie stehen wir zu Impfungen allgemein und unterscheidet sich diese allgemeine Sichtweise von der, die wir auf die derzeitige Impftechnik haben? Was denken wir über die Impfkampagne – begrüßen wir sie als notwendiges Handeln der Regierung, die endlich das Heft in die Hand nimmt, oder vermuten wir hinter ihr dunkle Machenschaften und knallharte Profitinteressen? Wie haben wir die Einführung dieser Frage in den gesellschaftlichen Diskurs erlebt? Wie bewerten wir die Rhetorik, mit der sie vorgestellt wird, wie beurteilen wir die Offenheit und Unvoreingenommenheit der öffentlichen Debatte über sie? Und wie ist es mit der Impfpflicht, ob kalt oder warm, indirekt oder direkt, wie sie derzeit in den Parlamenten und Feuilletons sowie auf der Straße und im Netz diskutiert wird?

Und die Antwort auf diese Fragen wird uns wiederum Aufschluss darüber geben, was für ein Mensch wir sind.

Kapitel 3

SAG, WIE HÄLTST DU'S MIT DER VAKZINATION?

Die moderne Gretchenfrage ist, für uns alle hautnah spürbar, die Frage danach, wie wir's mit der Impfung halten. Niemand kommt daran vorbei, Seelenprüfung wird betrieben, Angst wird gemacht, Schuld wird verhängt und Sühne wird geleistet, Zugehörigkeit zur Gemeinschaft der Gläubigen wird gewährt oder verwehrt – und schließlich soll unsere Festigkeit im Glauben darüber entscheiden, ob wir gute, d. h. solidarische, empathische, opferbereite Staatsbürger sind oder böse, d. h. egoistische, eigensinnige Volksschädlinge.

Oft wird gar nicht erst unterschieden, wovon man eigentlich genau spricht, wenn man vom »Impfen« spricht, und auch hier steht die begriffliche Ausdifferenzierung nicht an erster Stelle. Denn derzeit bildet alles ein undeutliches Konglomerat an Problemen, Fragestellungen und (Vor-)Urteilen: Wenn in dieser Zeit die »Impffrage« gestellt wird, schwingt eine Vielzahl von Fragen mit:

> Ist es moralisch gut, sich impfen zu lassen?
> Ist es moralisch gut, seine Kinder impfen zu lassen?

> Ist es moralisch gut, anderen zum Impfen zu raten bzw. ihnen abzuraten?
> Ist es moralisch gut, einen indirekten oder direkten »Impfdruck« aufzubauen (über Beschämung, Nötigung oder Erpressung)?
> Ist es moralisch gut, wenn der Staat seine Bürger zum Impfen zwingt und ihre Verweigerung sanktioniert?

Zur gleichen Zeit bleibt unausgesprochen, auf welche Art von Impfung man sich überhaupt bezieht – geht es um Impfstoffe allgemein, wie sie als aktive Schutzimpfung spätestens seit Ende des 18. Jahrhunderts erforscht und angewendet wurden? Geht es um die herkömmliche Impfung etwa gegen die Pocken, die Masern oder die Grippe – oder doch ganz spezifisch um die Covid-19-Impfung mittels mRNA- und Vektor-Impfstoffen. Dass hier oft nicht begrifflich differenziert wird[4], führt dazu, dass sich in unserem Urteil Erfahrungen und Einstellungen überlappen. Auf diese Weise wird, wer mit dem Thema »Impfung« keine schlechten Erfahrungen gemacht hat und allgemein einer in vielen Gesellschaften schon lange etablierten Biotechnologie vertraut, auch gegen den Einsatz der neuen technologie keine größeren Einwände haben. Vermeintliche Erfolgsgeschichten vergangener Impfkampagnen können so werbetechnisch geschickt ins Feld geführt werden, um das derzeitige Vorgehen als »erprobt«, »sicher« und »alternativlos« zu verkaufen.

Auf diese (aus der Sicht der Pharmahersteller verständliche) Verkaufsstrategie hat sich nun aber eine penetrante

Rhetorik gesetzt, die neu ist – und so neu dann doch nicht: Die Impfung als Erlösung. Die Parallelen, die man bei der öffentlichen Darstellung der Impffrage zu den Themen Religion und Glaube ziehen kann, sind eklatant. Seit jeher ist die religiöse Idee von der radikalen Zerstörung tief in unser kollektives Bewusstsein festgeschrieben. Die Vorstellung vom definitiven Ende der Menschheit durch eine todbringende Seuche diente damals wie heute der Disziplinierung der Gläubigen und dem Machterhalt der Religionen. Glaube und Gebet wurden als einziges Mittel zur Therapie angesehen und zeigten oftmals Züge eines archaischen Aberglaubens. Auch der Glaube an die Impfung, trotz niederschmetternder Erfolgsbilanz, und das geradezu fetischhafte Drängen auf Einhaltung der Hygieneregeln als einer strengen religiösen Übung ähnelt diesem Aberglauben.

Die traditionelle religiöse Erzählung der Krankheit als »Strafe Gottes« tut ihr Übriges dazu. Apokalyptische Ängste, endzeitliche Stimmung beherrschen die Szene. In der Bibel lässt der zürnende Gott apokalyptische Reiter – TV-Moderator Markus Lanz hat Alexander Kekulé übrigens als solchen bezeichnet – losschicken, die als erbarmungslose Tyrannen Elend und Leid über die Menschen bringen. Virologen gelten plötzlich als Priester (= Klerus) einer neuen Religion, die uns Verhaltensgebote verkünden und uns ermahnen, den Glauben an die Wissenschaft und ihre Heilsbringer zu behalten. Ihren Verlautbarungen (in Talkshows, Podcasts, auf Twitter, etc.) lauschen wir wie der Predigt im Gottesdienst, wobei die Politiker auf den Ministerpräsidentenkonferenzen die assistierenden Ministranten darstellen.

Ein säkularisierter Messianismus hat von uns Besitz ergriffen. An die Stelle der Erwartung der Wiederkunft Jesu setzen wir den Messias der Coronaimpfung. Der Akt des Impfens ähnelt der Taufe, wobei der zweite, dritte oder vierte Impftermin als Kommunion oder Firmung fungiert. Als liturgische Kleidung trägt die Gemeinschaft der Gläubigen Mund-Nasen-Schutz, das ubiquitäre Desinfektionsmittel ist das neue Weihwasser.

Auch die politischen Maßnahmen selbst schärfen uns unentwegt ein, dass unser jetziges Leben ein Uneigentliches ist (ein Leben im Ausnahmezustand), denn das wirkliche Leben wird erst dann beginnen, wenn durch eine genügend hohe Impfquote Sars-CoV-2 endemisch geworden ist.

Folgende Verlautbarungen aus der Kirche Coronas mögen die religiösen Parallelen veranschaulichen:

> *»Ich brauche euch als meine Apostel. Ihr müsst hinausgehen und darüber sprechen und sagen, dass wir uns das gegenseitig schulden. Jesus hat uns gelehrt, einander zu lieben, und man kann diese Liebe zeigen, indem man sich so sehr umeinander sorgt, dass man sagt: Bitte lass dich impfen, denn ich liebe dich und ich will, dass du lebst.«*[5]
> (Kathy Hochul, Gouverneurin von New York, Christian Cultural Center in Brooklyn)

> *»Dank Gott und der Arbeit vieler haben wir jetzt Impfstoffe, um uns vor Covid-19 zu schützen. Impfen ist Nächstenliebe.«*[6]
> (Papst Franziskus)

»Das wäre der größte Schaden überhaupt, wenn die Leute nicht mehr an die Impfung glauben!«[7]
(Alexander Kekulé)

»Das Impfen ist der Moses, der uns aus dieser Pandemie herausführt.«[8]
(Winfried Kretschmann)

»Warum sollte diese Impfung kein Geschenk Gottes sein?«[9]
(Bischofsvikar Karl Schauer)

Der Wahn ist kurz, die Reu ist lang

Weisen diese Zitate nicht auf einen quasireligiösen Wahn hin? Ein Wahn, in dem es niemandem seltsam vorkommt, dass der Gesundheitsminister sagt, dass man nicht zu viel testen sollte, damit man nicht so viele falsch-positive Ergebnisse hat – und ein halbes Jahr später hat man die Testzahlen verzigfacht, Schnelltests auf den Markt gebracht und verfügt, dass Schüler sich täglich selbst testen sollen.

Ein Wahn, in dem es niemandem verdächtig vorkommt, dass der Gesundheitsminister sagt, dass es ein Fehler war, den Einzelhandel zu schließen und dass das nicht wieder passieren wird – während ein paar Monate später der Einzelhandel erneut geschlossen wird.

Ein Wahn, innerhalb dessen es niemand absurd findet, dass der Gesundheitsminister sagt, das Virus mache vor geschlossenen Grenzen nicht halt – und ein Jahr später fast alle Grenzen geschlossen sind.

Oder dass der Staatsvirologe sagt, dass man die Pandemie mit Masken nicht aufhält – und ein halbes Jahr später selbst die Kinder in den Grundschulen Masken tragen.

Oder dass der Staatsvirologe sagt, dass man als Normalbürger nicht mit der ständigen Angst vor Infektionen herumlaufen sollte – und ein paar Jahre später alle Menschen jederzeit so handeln sollen, als wären sie infiziert.

Innerhalb dieses Wahns scheint es nicht suspekt, dass der Präsident der Bundesoberbehörde für Gesundheitsfragen im Januar 2021 sagt: »Je mehr wir impfen, umso mehr Varianten werden auftreten« – und nachdem man dann monatelang massenhaft geimpft hat, tatsächlich neue Varianten auftreten, mit denen man dann den nächsten Lockdown sowie die Impfpflicht rechtfertigt.

Diesem religiösen Wahn ist es nicht etwa abträglich, sondern förderlich, wenn die amtierende Bundeskanzlerin im Oktober 2020 sagt, es werden uns vier schwere Monate bevorstehen – und im März 2021 das Gleiche über die Monate bis Juni sagt.

Es bestätigt den Wahn, wenn die amtierende Bundeskanzlerin im November 2020 sagt, dass wir uns jetzt nur noch für ein paar Wochen anstrengen müssen – und im Frühling 2022 immer noch von Lockdown und Impfpflicht die Rede ist.

Dieser Wahn äußert sich in der Auffassung, dass Begleiterscheinungen bei der Impfung ein Zeichen dafür sind, dass sie wirkt, das Fehlen von Begleiterscheinungen aber ein Zeichen dafür ist, wie verträglich sie ist.

Dieser Wahn findet es normal, wenn man Millionen

von Menschen impft, damit wir alle bald wieder »frei« sein können, aber die Geimpften trotzdem Maske tragen, sich testen lassen und in Quarantäne gehen müssen, weil nicht bewiesen ist, dass sie nicht infektiös erkranken?

Religiöse Überhöhung

Wenn eine Idee religiös überhöht wird, ist Vorsicht geboten. Zu katastrophal waren die Folgen, die die kritiklose Verherrlichung einer Idee zur Staatsräson im letzten Jahrhundert gezeitigt hat. Wenn Ideen zur nicht hinterfragbaren Weltanschauung werden, zur Ideologie, ist Vorsicht geboten und Kritik und Skepsis vonnöten. Das Gleiche ist der Fall bei der unhinterfragbaren Verklärung einer neuen Technologie. In unserem technischen Zeitalter gilt das umso mehr, je stärker der Einfluss von Technologien auf das Leben der Menschen, auf ihre Denk- und Fühlweise, auf die Art, wie Politik gemacht wird oder wie die Gesellschaft sich selbst sieht, ist. Denn nicht nur Ideen, die zur Staatsräson gemacht werden, können gefährlich sein, sondern ebenso all die Technologien, die unser Leben schleichend verändern, ohne dass wir ihrem verheißenen Nutzen eine unvoreingenommene Betrachtung der gesellschaftlichen und menschlichen Kosten entgegenstellen würden.

Woran merkt man nun, dass eine Technologie überhöht und verherrlicht wird? Das ist z. B. der Fall, wenn etwa der *Stern* oder *Der Spiegel* Propaganda in bester Sowjetmanier betreibt. Oder wenn *RTL*- und *Spiegel*-Journalist Nikolaus Blome dazu aufruft, auf Impfgegner mit dem Finger zu zeigen: »Ich möchte an dieser Stelle ausdrücklich um gesellschaftliche Nachteile für all jene ersuchen, die freiwillig auf eine Impfung verzichten. Möge die gesamte Republik mit dem Finger auf sie zeigen.«

Das ist der Fall, wenn Eckart von Hirschhausen sagt: »Wer sich nicht impfen lässt, ist ein asozialer Trittbrettfahrer«, und Dieter Nuhr die Menschen auffordert, ihre »kleine Angst« zu überwinden und sich für die Volkswirtschaft spritzen zu lassen. Und wenn prominent und offiziell auf dem Düsseldorfer Fernsehturm »Impfen gleich Freiheit« steht.

Es handelt sich um eine Überhöhung, wenn in den Medien eine Technologie unkritisch verherrlicht wird und Technologiekritiker pauschal verteufelt werden: als »bekloppt« (Joachim Gauck), »menschenfeindlich« (Peter Tauber), »unsozial und egoistisch (Lamya Kaddor), als »Gruppe von asozialen Vollidioten« (Christopher Waltz), als »Blinddarm der Gesellschaft« (Sarah Bosetti), als »Gefährder« (Peter Maffay), die man »konsequent ausgrenzen« müsse (Uli Hoeneß). Und so weiter und so fort.

Und ebenso ist das der Fall, wenn z. B. CSU-Generalsekretär Blume findet, Impfen sollte zur patriotischen Selbstverständlichkeit werden, oder wenn CDU-Politiker Ruprecht Polenz sagt, Geimpfte und Ungeimpfte seien nicht gleich, und hätten daher auch keine Gleichbehandlung vor dem Gesetz verdient. Wenn Berufsverbote für Ungeimpfte vorgeschlagen werden, wie es etwa NRW-Justizminister Peter Biesenbach tut, wenn Tübingens Oberbürgermeister Boris Palmer Pensionszahlungen oder den Zutritt zum Arbeitsplatz vom Impfnachweis abhängig machen will oder

Wolfram Henn, Mitglied im Deutschen Ethikrat, fordert, wer partout das Impfen verweigern will, der sollte sein Intensivbett und sein Beatmungsgerät anderen überlassen.

Wenn also Politik und Medien ins gleiche Horn stoßen, indem sie eine von einer milliardenschweren Industrie entwickelte Technologie verklären und ihre Kritiker pauschal verteufeln – dann sollten wir vorsichtig sein.

Warum sind sich alle so einig?

Wenn eine Technologie religiös überhöht und anderseits ihre Kritiker pathologisiert werden, wenn man versucht, sie zu dämonisieren und als antisoziale Elemente darzustellen, ist das kein gutes Zeichen für eine Gesellschaft. Hier müsste man von der Philosophie eine breite und tiefgehende Diskussion dieses ebenso hochemotionalen wie hochkomplexen Themas erwarten. Zu bedenken sind sowohl naturwissenschaftlich-medizinische Erkenntnisse als auch geisteswissenschaftliche und kulturelle Faktoren: Welche Werte stehen auf dem Spiel? Welche gesellschaftlichen Implikationen hat das Impfen, vor allem die Massenimpfung? Wie verändert sich der Blick auf Gesundheit und Krankheit, auf das Verhältnis von Individualrechten zum Gemeinwohl, auf die Aufgaben, die wir dem Staat zuweisen und vieles mehr.

Wenn das alles aber ebenso hochemotional wie hochkomplex ist und noch dazu naturgemäß eine große Ungewissheit herrscht – warum sind sich dann von Anfang an eigentlich alle so einig?

Warum war sich jeder, der sich publikumswirksam dazu äußern durfte, schon im Mai 2020 so sicher, dass allein die Impfung uns retten wird?

Warum gibt es keine neutral abwägenden Stimmen im Mainstream?

Warum gibt es dort keine ergebnisoffenen Gespräche zwischen Experten zu dem Thema?

Warum weiß jeder, der ein öffentlich-rechtliches Medienerzeugnis konsumiert, schon vorher, was die Haltung zum Thema »Impfen« sein wird?

In einer normalen Welt

In einer normalen Welt würde man jetzt zu einem solchen Thema umfassend und unvoreingenommen informieren und würde es – ganz ohne Schaum vor dem Mund und Moralisierung – vielfältig beleuchten und diskutieren. Man würde Vor- und Nachteile abwägen und niemanden diffamieren, damit man nicht auch noch eine Spaltung der Gesellschaft riskiert. Wenn man die Art und Weise, wie der Journalismus von heute seiner Pflicht nachkommt, mit dem journalistischen Selbstverständnis von früher vergleicht, wird einem schnell bewusst, dass das große Versagen der letzten beiden Jahre auch eines des Journalismus ist.[10]

Dass Journalisten sich als Hohepriester der Mächtigen begreifen und ihre Agenda unkritisch übernehmen, und man es mittlerweile als »Philosophie« bezeichnet, ein Thema ebenso einseitig wie voreingenommen zu beleuchten, beweist die intellektuelle Impotenz, unter der unsere Gesellschaft inzwischen leidet. Traditionell kam den Intellektuellen die Rolle zu, das gesellschaftliche Geschehen kritisch zu hinterfragen und auch bei neu eingeführten Technologien Bedenken zu formulieren. Und nun, wo erstmals eine Technologie nicht in erster Linie vom freien Markt angeboten wird und auf Nachfrage trifft oder nicht, sondern vom Staat bestellt, beauftragt und verabreicht wird – und das in viel größeren Dimensionen, nämlich gleich für die gesamte Menschheit – gibt es keinerlei philosophische Analyse, keine kritische Betrachtung, keine Technikfolgenabschätzung? Dass über dieses Thema gar nicht mehr ergebnisoffen philosophisch nachgedacht werden kann, zeigt schon, dass das Impfen zu nichts weniger als einem Dogma geworden ist: ein Lehrsatz, dessen Wahrheitsgehalt unumstößlich ist.

Das fällt umso mehr auf, da es ja schon von medizinischer Seite nicht unerhebliche Einwände und die Anlässe für Skepsis gegen diese Technik gibt.

Anlass zur Skepsis

Es soll nicht Aufgabe dieses Buches sein, die vielfältigen medizinischen Erkenntnisse zum Einsatz der neuen Impftechnologie nachzuzeichnen und auszuwerten.[11] Wenn es um eine Ethik des Impfens[12] geht, sollte sich unser Nachdenken nicht allein auf die Abschätzung von möglichem Nutzen und Schaden beschränken. Natürlich kann man skeptisch sein, wenn man hört, dass die mRNA-Technik noch nie ausprobiert wurde, schon gar nicht in so einer verkürzten Zulassung, in der die Langzeitfolgen nicht ausreichend getestet werden konnten. Zumal wenn man hört, dass BioNTech noch nie ein Medikament, geschweige denn eine Impfung in Phase 3 gebracht hat, auf einmal aber in vier Monaten einen Impfstoff entwickeln kann, mit dem bereits im Dezember 2020 die ersten Menschen geimpft werden.

Es kann skeptisch machen, wenn man hört, dass die Immunität durch Infektion besser ist als durch eine Impfung, dass es bei denen, die einmal mit Sars-Cov-2 infiziert waren, eine stabile Langzeitimmunität gibt, und von diesen Menschen gar keine weitere Übertragung zu befürchten ist – warum sollen sie also auch geimpft werden?

Es kann skeptisch machen, wenn man hört, dass der französische Professor Eric Caumes über den Pfizer-Impfstoff sagt, er habe bei keinem Impfstoff jemals eine so hohe Häufigkeit von unerwünschten Nebenwirkungen gesehen.

Oder wenn man liest, dass die Wahrscheinlichkeit eines Krankenhausaufenthalts wegen einer Herzstörung bei Jungen, die keine gesundheitlichen Probleme haben, nach der zweiten Dosis des mRNA-Impfstoffs deutlich höher ist als das 120-Tage-Risiko eines Krankenhausaufenthalts bei einer Covid-Erkrankung.[13]

Es kann skeptisch machen, wenn eine japanische Studie zeigt, dass die Lipid-Nanopartikel der Injektion nicht im Oberarmmuskel verbleiben, wie es zuerst hieß, sondern dass sie durch den gesamten Organismus zirkulieren und sich in nennenswerten Konzentrationen in Organen und Geweben ansammeln, wie zum Beispiel in Milz, Knochenmark, Leber, Nebennieren und in besonders nennenswerter Konzentration in den Eierstöcken.[14]

All das kann skeptisch machen. Oder wenn der Marburger Virologe Stephan Becker sagt, das Impfstoff-Profil werde erst beobachtet, wenn die Impfungen bereits laufen und eingesteht: »Wir Wissenschaftler haben noch nicht die Ergebnisse, was bei der Studie herausgekommen ist.«

Oder wenn der damalige Kanzlerkandidat und jetzige Bundeskanzler Olaf Scholz von den bereits Geimpften als »Versuchskaninchen« spricht.

Es kann skeptisch machen, wenn Michael Yeadon, der ehemalige Vizepräsident von Pfizer, die Notwendigkeit einer Covid-19-Impfung kategorisch ablehnt: »Ich habe noch nie einen solchen Unsinn gehört. Man impft keine Menschen, die kein Krankheitsrisiko haben. Man plant auch nicht, Millionen von gesunden Menschen mit einem Impfstoff zu impfen, der nicht zuvor gründlich am Menschen getestet wurde.«

Es sollte auch skeptisch machen, wie kurz das Gedächtnis einer Gesellschaft ist. Dass man durchaus Erfahrungen mit der Ausrufung von Impfstoffen als Allheilmittel hat, etwa bei der Schweinegrippe 2009/2010, wo nach der Impfung mit dem Mittel Pandemrix festgestellt wurde, dass rund 7000 Kinder eine Narkolepsie entwickelten.[15]

Es kann skeptisch machen, wenn man etwa in der Produktinformation des Impfstoffs Comirnaty® von BioNTech/Pfizer auf Seite 10 zum Thema Genotoxizität / Karzinogenität liest, dass »weder Genotoxizitäts- noch Karzinogenitätsstudien durchgeführt« wurden.[16]

Es fragt sich auch, inwieweit bei einer Massenimpfung die Maßgaben des Nürnberger Kodex eingehalten werden können, der ethische Richtlinien zur Vorbereitung und Durchführung medizinischer, psychologischer und anderer Experimente am Menschen aufstellt. Er wurde 1947 als Reaktion auf die während der Zeit des Nationalsozialismus im Namen der medizinischen Forschung begangenen Verbrechen gegen die Menschlichkeit verabschiedet und besagt, dass »die freiwillige Zustimmung der Versuchsperson unbedingt erforderlich (ist). Das heißt, dass die betreffende Person im juristischen Sinne fähig sein muss, ihre Einwilligung zu geben; dass sie in der Lage sein muss, unbeeinflusst durch Gewalt, Betrug, List, Druck, Vortäuschung oder irgendeine andere Form der Überredung oder des Zwanges, von ihrem Urteilsvermögen Gebrauch zu machen; dass sie das betreffende Gebiet in seinen Einzelheiten hinreichend kennen und verstehen muss, um eine verständige und informierte Entscheidung treffen zu können«.

Wie viele von den 7 Milliarden Menschen, denen der Impfstoff (laut Bill Gates[17]) verabreicht werden sollen, haben überhaupt die Möglichkeit, solch eine »verständige und informierte Entscheidung« treffen zu können? Zumal, wenn an die Impfung »Privilegien« geknüpft werden.

Es kann skeptisch machen, wenn man nicht weiß, wie oft und in welchen Abständen die Impfung erneuert werden muss. Wenn unklar ist, ob es jetzt – als Update unseres Immunsystems gewissermaßen – jedes Jahr eine Impfung geben wird, ob es zur neuen Normalität gehören wird, dass wir uns alle regelmäßig impfen lassen müssen – und ob man, falls sich zu wenige impfen lassen, einfach wieder mit dem nächsten Lockdown drohen wird, selbst wenn es sich gar nicht mehr um eine Pandemie mit einem neuen Coronavirus handeln sollte, sondern schon bei der herkömmlichen Influenza.

Es kann auch skeptisch machen, dass die WHO ihre Definition von »Herdenimmunität« dahingehend geändert hat, dass sie nur noch durch eine Impfung hergestellt werden kann, nicht mehr durch überstandene Infektionen. Das klingt zumindest sehr pharmafreundlich.

Oder wenn der Hersteller Uğur Şahin nicht mit einem unumwundenen Ja antwortet auf die Frage, ob er sich und seine Mitarbeiter impfen lassen würde.

Oder wenn Verträge geleakt werden, aus denen deutlich wird, dass BioNTech/Pfizer darin Abmachungen mit Staaten getroffen hat, dass diese sogar Anwalts- und Gerichtskosten des Konzerns übernehmen. Und BioNTech/Pfizer befreit sich nicht nur selbst aus jeglicher Haftung für irgendwelche Schäden, sondern auch sämtliche Drittbeteiligte an der Produktion, an der Distribution, der Vermarktung sowie auch die beauftragten Forscher und die Verabreicher des Impfstoffs usw.

All diese oben angeführten Erkenntnisse – und viele weitere vorläufige – betreffen sowohl die individuelle, aber auch die gesellschaftliche Ebene, die von der Impffrage substanziell betroffen sind.

Es gibt jedoch noch weitere Punkte, die dazu beitragen können, vor allem den massenhaften Einsatz der neuen Impfstoffe für bedenklich zu halten: So kommen Forscher der Columbia University, die die Impfausgaben mit der darauf folgenden allgemeinen Sterblichkeit innerhalb von Regionen und Altersgruppen ausgewertet haben, zu dem Schluss, dass die tödlichen Folgen der Impfungen massiv unterschätzt würden, und das Risiko der Covid-19-Impfung für die meisten Bevölkerungsgruppen größer sei als das Risiko einer Covid-Erkrankung. Von Februar bis August 2021 beziffert diese Studie allein für die USA mindestens 146.000 Impftote.[18] Eine erhöhte allgemeine Sterblichkeit in Europa und in den USA scheint also mit der steigenden Impfquote zu korrelieren.

In England haben zudem britische Wissenschaftler die Mortalität in drei Altersgruppen ab 60 Jahren in Relation zu den Impfzeitpunkten dieser Gruppen analysiert und jeweils deutliche Sterbewellen nach den Impfungen ausgemacht.[19]

Des Weiteren fand die Universität Stockholm eine schädigende Wirkung der Spike-Proteine auf das Immunsystem.[20] Jener Proteine, die im eigentlichen Virus, aber auch durch die Impfungen produziert, vorliegen. Bei natürlicher Infektion ist man den Spike-Proteinen einmalig ausgesetzt, was zu einer langfristigen[21] und 13 mal höheren Immunität gegenüber doppelt Geimpften[22] führt. Zusätzlich zeigt eine neue Studie tiefgreifende Beeinträchtigungen des Immunsystems durch die Impfung. Vor dem Hintergrund beider Studien scheint ein häufiges Boostern fraglich. Denn in diesem Kontext fällt auf, dass die Übersterblichkeit parallel zum Boostern angestiegen ist. Weitere Studien berichten von einer herabgesetzten Immunantwort gegen andere Erreger nach der Impfung[23] sowie von einem unerwartet raschen Voranschreiten von Krebs.[24]

Es ist alles gesagt

Wir könnten die obigen Aufzählungen noch lange weiterführen. Sie werfen biologisch-medizinische und auch rechtliche Bedenken auf, die unabdingbar in Betracht zu ziehen sind, will man ethische Überlegungen zur Impffrage anstellen.

Aber seien wir ganz ehrlich: Haben wir das Gefühl, wir kämen auf diese Art weiter? Wir würden jemanden mit einer Liste offener Fragen zum Nachdenken anregen? Wie könnten wir in der derzeitigen Lage, in der unsere Welt unheilbar ideologisch gespalten zu sein scheint, noch jemanden mit Fakten, Studien und Expertenaussagen von unserer Sicht auf die Dinge überzeugen – und das in der angesichts der dramatischen Beschleunigung der Entwicklungen gebotenen Eile?

»Es ist alles gesagt«, sagen die Angehörigen beider Lager, davon überzeugt, dass die erdrückende Mehrheit der Indizien, der Forschungsergebnisse und der Wissenschaftler hinter ihnen steht – oder zumindest stünde, wenn alles »mit rechten Dingen« zuginge. Von öffentlicher Seite wird empfohlen, mit »Impfgegnern« nicht über Fakten zu diskutieren, denn oftmals seien sie daran gar nicht interessiert, will man wissen.

Hinzu kommt, dass alles, worüber die Welt hier diskutiert, mit heißer Nadel gestrickt ist. Die Studienergebnisse zu den Fragen Wirkweise, Sicherheit und Nebenwirkung der Impfstoffe sind so neu und vorläufig (und es sind noch so viele zu erwarten), dass man derzeit kaum von einer gesicherten Forschungslage auf diesem Gebiet sprechen kann – was wiederum beiden Gruppen eine Rechtfertigung an die Hand zu geben scheint, sich mit widersprechenden Studien gar nicht erst auseinanderzusetzen. »Das wird man dann ja sehen«, heißt es oft, wenn man mit unwillkommenen Ergebnissen der Wissenschaft konfrontiert wird.

Aber haben wir so viel Zeit, zu warten, bis »man sehen wird«? Sicherlich nicht. Die Erde bebt, eine Entwicklung ist in Gang gekommen, die vielleicht bald schon unaufhaltbar sein wird. *Jetzt* müssen wir Antworten finden auf die offenen Fragen zur aktuellen Lage, wir können nicht darauf warten, bis sich ein klareres Bild zu Nutzen, Risiken und Nebenwirkungen ergeben hat.

So bedeutend die Ergebnisse zu diesen Fragen auch sind: Für eine philosophisch-moralische Betrachtung der Sachlage dürfen wir uns von ihnen nicht abhängig machen. In der moralischen Bewertung einer Technik nur von den wissenschaftlichen Erkenntnissen bezüglich des Verhältnisses von Nutzen und Risiken abhängig zu sein, hieße, in die Falle des Szientismus zu tappen. Es würde bedeuten, kein wirklich autonomes moralisches Urteil treffen zu können. Man wäre Sklave einer mittels naturwissenschaftlicher Methode festgestellten Empirie und würde sich selbst von allem abkoppeln, was das genuin Menschliche in dieser Situation ausmacht.[25] Das genuin Menschliche bedeutet: ein selbstbestimmtes und freies Wesen zu sein, das dazu befähigt ist, sich mittels Urteilskraft, Vernunft und Gefühl einen Überblick über die Problematik zu verschaffen. Das dazu befähigt ist, Interessen und Motivationen abzuwägen und mit Werten und Tugenden in Bezug zu setzen, die ihre Würde aus einer anderen Quelle beziehen als der der bloßen naturwissenschaftlich messbaren Empirie.

Die Grenzen der Empirie

Es würde auch nichts bringen, sich in der Bewertung der neuen Impftechnologie rein auf die Empirie zu beschränken. Sie als einzige argumentative Munition zu verwenden, in der Hoffnung, auf diese Weise mit »harten Fakten« die jeweilige Gegenseite überzeugen zu können. Ein Mensch, der Autonomie und Freiheit höher als alles andere schätzt, würde sich nur mit der Begründung, die Datenlage weise auf einen höheren Nutzen als Schaden hin, nicht davon überzeugen lassen, seine Autonomie und Freiheit aufzugeben. Wäre aber deswegen jemand, der sich aus diesen Gründen dem Einsatz der neuen Technik verweigert, tatsächlich als »moralisch schlecht« zu bezeichnen? Hat ein anderer – ganz gleich, ob Mensch oder Staat – tatsächlich das moralische Recht, Menschen zur Impfung zu drängen oder zu zwingen, sobald empirisch mit ausreichender Sicherheit (wonach auch immer sich dieses »ausreichend« bemessen lassen sollte) festgestellt wurde, dass der Nutzen des Einsatzes dieser Technik den Schaden überwiegt? Anders gefragt: Sobald der Nutzen einer Sache ihren Schaden zu übertreffen verspricht, dürfen wir dann die Verfügungsgewalt der Menschen über ihre körperliche Integrität völlig außer Acht lassen? Oder sollte etwas Nichtempirischem wie der Wert der körperlichen Selbstbestimmung dem bloß instrumentellen und utilitaristisch begründeten Empirischen eine Grenze ziehen? Eine Grenze des Machbaren, die sich dem technologischen Imperativ verweigert, dass alles getan werden sollte, was getan werden *kann*?

Wenn wir das Impfthema wirklich als freie und selbstbestimmte Wesen moralisch bewerten wollen, dürfen wir die Empirie höchstens als willkommenes Hilfsmittel benutzen. Es muss aber noch etwas dazukommen: Dieses »Etwas« ist aufs Engste mit der Art und Weise verbunden, wie wir uns als Menschen sehen und wie wir unsere existenzielle Lage wahrnehmen. Und vor allem, was wir uns für die Zukunft erhoffen.

Kapitel 4

WAS LIEGT VOR UNS?

Wie stellen Sie sich den Weg vor, der vor uns liegt? Wenn wir so weitermachen – wenn das Beben, das vor einiger Zeit begonnen hat, uns weiter in die Richtung drängen wird, in die unsere Gesellschaft momentan treibt –, wie wird das Leben in den Tälern, die auf dieser Seite der Wasserscheide liegen, aussehen? Welche Befürchtungen hegen Sie angesichts der Zukunft, welche Hoffnungen haben Sie? Mit »Zukunft« meine ich hier keine Welt, die zeitlich weit von der uns bekannten entfernt läge, etwa das 26. Jahrtausend wie in Aldous Huxleys Roman »Schöne neue Welt« oder in dem Film »Idiocracy«. Ich meine eine Zukunft, die für die meisten von uns mit großer Wahrscheinlichkeit noch Gegenwart werden wird. Eine Zukunft, entfernt genug, dass sich Entwicklungen in ihr manifestieren können, und doch nah genug, dass wir selbst oder Menschen, die wir gut kennen, sie erleben. Einigen wir uns auf das Jahr 2045.

Lassen Sie mich die Aufgabe noch etwas eingrenzen: Rechnen Sie einmal das, was Sie in den letzten beiden Jahren an Entwicklungen in Politik, Medien und Gesellschaft wahrgenommen haben, für die kommenden acht Jahre hoch. Was, wenn »das alles« so weitergeht? Wenn Sie sich ausmalen, wohin uns die derzeitigen Trends bezüglich Gesundheitspolitik, des Zustands der klassischen Presse, der Bekämpfung von sogenannten »Fake News« und gefährlichen Ideologien, sowie die Zusammenarbeit von Regierungen, Wissenschaftlern, Experten und Journalisten, von großen Pharma- und Technologieunternehmen und öffentlichen Meinungsmachern wie Prominenten und Intellektuellen gebracht haben wird – welche Bilder sehen Sie da? Denken Sie dabei an eine Welt, die weitgehend von Pandemien und anderen gesellschaftlichen Sicherheitsrisiken befreit sein wird? Eine Welt, in der sich der Mensch durch die Fortschritte der Medizin zu einem großen Teil von den Fesseln der Natur befreit hat? Wird der Mensch des Jahres 2045 dank den Erfindungen seines wissenschaftlich-technischen Sachverstands endlich Herr über die Natur sein, Krankheiten ausgerottet haben und so das menschliche Leben auf Erden endlich vollends behaglich machen?

Oder glauben Sie, die technischen Mittel werden sich in naher Zukunft so sehr gegen ihn selbst richten, dass viele bereuen werden, auf diesen Zug aufgesprungen zu sein? Malen Sie sich eine Welt aus, die von den angesprochenen Dystopien »Schöne neue Welt« und »Idiocracy« kaum mehr zu unterscheiden sein wird? Eine Welt, deren Menschen gelernt haben werden, ihre Freiheiten als Privilegien anzusehen, die ein allmächtiger Verordnungsstaat ihnen jederzeit vorenthalten kann – was er dann aus Gründen des

Machterhalts und des Profits auch tut? Ein Verordnungsstaat, dessen Macht, die Menschen zu gängeln und zu nötigen, zugleich in seiner bürokratischen Gesichtslosigkeit begründet liegt wie in der Zustimmung seiner Untertanen, die sie tagtäglich durch ihr fügsames Verhalten erneuern – in der Hoffnung, endlich die ersehnte Sicherheit und die Erlösung von der Angst zu erhalten? Sind die Menschen in Ihrer Vision des Jahres 2045 nur Sklaven, die ihre Fesseln zu lieben gelernt haben?

Eine Geschichte von zwei Visionen

Ich habe hier nur zwei Alternativen aufgezeigt, die sich weder gänzlich ausschließen noch die einzigen beiden sein müssen. Wir können uns durchaus eine Zukunft vorstellen, in der die Menschheit zwar Krankheiten ausgerottet hat und einer Pandemiegefahr mit weniger Angst begegnet, die einzelnen Menschen jedoch dafür sehr viel von dem, was ein menschenwürdiges Leben ausmacht, aufgegeben haben werden. Andererseits ist auch eine Vision möglich, die eine zwar äußerlich freie, aber doch zutiefst verängstigte, vulnerable und handlungsunfähige Gesellschaft zeigt, weil sie sich der Mittel der modernen Technik und Wissenschaft eben nicht zweckmäßig bedient hat, um mögliche Großrisiken früh zu erkennen und abzuwenden.

Doch die am Anfang angebotenen Visionen des Jahres 2045 sind in ihrer etwas holzschnittartigen Drastik auch Gedankenexperimente. An unserer Zustimmung für bzw. Ablehnung gegen sie können wir unsere allgemeine Einstellung zur derzeitigen Lage ablesen. Ich behaupte, dass diese allgemeine Einstellung für jede moralische Bewertung der »Impffrage«, um die es auf diesen Seiten gehen soll, substanziell ausschlaggebend ist.

Die eigentliche Frage, die ich an den Beginn meines Nachdenkens über die »Ethik des Impfens« stellen möchte, sollte daher präziser formuliert lauten: Sehen Sie einer Zukunft ohne Krankheit und Epidemien, dafür aber auch mit viel staatlicher Kontrolle, eher mit hoffnungsvoller Erwartung entgegen, oder fürchten Sie sie? Anders gefragt: Wenn es keine Möglichkeit gäbe, die Ausrottung von Krankheiten und eine große individuelle Freiheit der Bürger zu vereinbaren – wären Sie angesichts dieser Prognose eher freudig-entspannt oder von großer Sorge erfüllt?

Zu welchem Team gehöre ich?

Die Antwort, die wir angesichts der skizzierten Alternativen geben, sagt viel darüber aus, wie wir über das Impfen denken. Sie ist ein Lackmus-Test: Zu welchem Team gehöre ich? Vertraue ich dem wissenschaftlich-technischen Fortschritt, wie er gerade für alle sichtbar und in nie da gewesener Geschwindigkeit abläuft und plötzlich so substanziell unseren Alltag bestimmt, und zwar konkret bis hin zur Frage, mit wem wir Weihnachten feiern dürfen und ob wir in unseren eigenen vier Wänden Masken tragen müssen? Oder misstraue ich dieser Entwicklung?

Unser Grad an Vertrauen gegenüber der herrschenden Politik, gegenüber dem gängigen, in den meisten Medien kolportierten Narrativ, gegenüber den Wissenschaftsjournalisten, Experten und Intellektuellen, mag unzählige Gründe haben. Vielleicht arbeiten Sie selbst in einem dieser Bereiche und profitieren von ihm bzw. haben von etwaigen schlechten Absichten bedeutender Protagonisten nichts mitbekommen. Vielleicht sind Sie in Sorge, was die Pandemie angeht und möchten nichts sehnlicher, als dass sie endet und wir alle wieder ein normales Leben führen können. Vielleicht haben Sie Angehörige an das Virus verloren und persönliches Mitgefühl leitet Sie. Oder vielleicht sind Sie auch einfach von Natur aus voller Vertrauen in das Gute der Menschen und keine Erfahrung hat sie bisher vom Gegenteil überzeugt. Welchen Grund Sie für Ihre positive Einstellung den Entwicklungen gegenüber haben mögen: Sie gehören damit zum Team »Vertrauen«, wie ich es hier im vollen Bewusstsein, die Dinge zu pauschalisieren und grob zu vereinfachen, bezeichnen möchte. Man könnte das Team auch »Utopie« nennen oder »Optimismus«, aber ich denke, der Begriff »Vertrauen« trifft die zugrundeliegende Einstellung ganz gut: Wenn das, was von offizieller Seite in den letzten beiden Jahren initiiert und umgesetzt wurde, prinzipiell so weitergeführt wird (einzelne politische Missgeschicke, menschliche Makel und Unvorhersehbarkeiten des Schicksals einmal weggedacht) und die Kritiker der offiziellen Vorgehensweise ihr nicht länger im Wege stehen, dann wird sich unsere Gesellschaft bald schon freier, aber vor allem sicherer und zufriedener fühlen.

Aber auch falls Sie sich in diesem Team gar nicht wiederfinden, sondern all ihr Denken und die Art und Weise, wie sie etwa die Nachrichten konsumieren, von Misstrauen und Argwohn gegenüber »denen da oben« geprägt ist – auch dann mag ihre Haltung die unterschiedlichsten Gründe haben. Vielleicht gab es ein Thema in der Vergangenheit, das Sie skeptisch gemacht hat, das ihnen verdeutlicht hat, wie schlecht es um den Journalismus steht? Oder Sie machten selber schlechte Erfahrungen mit den Versprechungen der Medizin oder der Pharmaindustrie und sehen nun den Bock zum Gärtner gemacht? Sie gehören somit zum Team »Misstrauen«. Vielleicht haben Sie auch einfach nur zu viele dystopische Romane gelesen und überhaupt eine überbordende Fantasie, gepaart mit einer pessimistischen Einstellung dem menschlichen Charakter gegenüber, sodass Sie den Protagonisten der derzeitigen Entwicklung alle möglichen Sauereien zutrauen.

Welche Gründe auch immer uns dazu motivieren mögen, für die Zukunft eine wohlwollende und schützende Verwaltung des Menschen zu erhoffen oder eine technokratische Gesundheitsdiktatur zu befürchten: Anhand unserer Einstellung zu den Dingen lassen wir uns zu Teams zuordnen, vereinfacht gesagt: Vertrauen vs. Misstrauen, Utopie vs. Dystopie, Optimismus vs. Pessimismus. Diese Teams (der US-amerikanische Neurowissenschaftler Joshua Greene nennt sie passenderweise »moral tribes«[26], also »moralische Stämme«) sind es, die die Art der Auseinandersetzung im öffentlichen Diskurs bestimmen. Dies gilt letztlich für alle gesellschaftlich relevanten Themen, die medial vermittelt und gesteuert werden. Vor allem bei den stark emotional besetzten Sujets wie Sicherheit, Umwelt- und Klimaproblematik sowie Migration ist unsere Beheimatung in einem der beiden Teams deutlich zu erkennen. Dies gilt in ganz besonderem Maße bei dem hier beleuchteten Pandemiethema, zumal die Zugehörigkeit zu den Teams durch Alltagsverhalten wie Maskentragen und das allgemeine Befolgen der Maßnahmen oftmals aufs Deutlichste zur Schau gestellt wird.

Keine Äußerung auf dem Gebiet Gesundheit, Krankheit, Virus, Impfung etc. können wir derzeit tätigen, ohne unmittelbar in den Verdacht zu geraten, dem gegnerischen Team anzugehören. Je nachdem, wie stark und bewusst sie sich mit dem einen Team identifizieren, mag dieser Verdacht ihnen willkommen oder gefährlich für sie sein. Immer aber ist er einer, der die Wahl unserer Worte und unserer moralischen Urteile besonders stark beeinflusst.

Das Ende der Technikkritik?

Derzeit ist es generell eher so, dass die Zugehörigkeit zum Team »Misstrauen« Ihnen handfeste Nachteile bescheren kann. Das war nicht immer so. Vor allem in intellektuellen und bildungsbürgerlichen Kreisen galt ein wachsames Auge auf gesellschaftliche Entwicklungen, galten »Technikkritik« und »Machtskepsis« immer als Ausweis einer mündigen, aufgeklärten Haltung. Man hatte seinen Erich Fromm und Herbert Marcuse gelesen, oder Helmut Schelsky und Friedrich Georg Jünger, um Stimmen der verschiedensten weltanschaulichen Richtungen zu zitieren. Die meisten Bildungsbürger stimmten etwa mit Neil Postman überein, dessen Diktum »Wir amüsieren uns zu Tode« abgenickt wurde. Die von Hedonismus, Konsumismus und Kapitalismus geprägte Welt der Politik, der Medien und der Massengesellschaft ist durch und durch verseucht – so die Haltung des intellektuellen Mainstreams. Nichts Gutes kann aus ihr entstehen. Smartphones machen uns zu Zombies, Bildschirme zu Bewegungslegasthenikern, Computerspiele zu Amokläufern, und noch ein wenig früher waren das Privatfernsehen, das Fernsehen überhaupt, Comics, ja sogar Abenteuer- und Liebesromane der Anfang vom sprichwörtlichen Untergang des Abendlandes.

Aber auch die Entwicklungen in Medizin und Pharmaindustrie wurden seit jeher auch kritisch hinterfragt, wie überhaupt eine Skepsis gegenüber den Machenschaften der Großindustrie zum guten Ton gehörte. Man hatte Hans Jonas' »Technik, Medizin und Ethik« und Jürgen Habermas' »Die Zukunft der menschlichen Natur« gelesen, Ivan Illich oder eben Aldous Huxley. Für manche reichte auch Juli Zehs Roman »Corpus Delicti«, derzeit sogar noch Pflichtlektüre im Zentralabitur einiger Bundesländer. Gentechnologie, Präimplantationsdiagnostik, Stammzelltherapie, Hirnforschung, Psychopharmakologie, Human Enhancement – alles Elemente der Humanbiotechnologie, die die technische Manipulation des menschlichen Körpers und Geistes bis hinein in die kleinsten Bausteine zum Zwecke einer vermeintlichen Optimierung des Menschen ermöglichen und weitertreiben konnten, war prinzipiell Gegenstand einer im geisteswissenschaftlichen und intellektuellen Milieu willkommenen philosophischen Gesellschaftskritik, die dem entfesselten Prometheus die notwendigen Grenzen auferlegen wollte.

Die Aufzählung mag verdeutlichen, wie schwer eine solche Haltung heute fällt. Wenn Sie sich derzeit unbedacht technikkritisch oder gar »wissenschaftsskeptisch« äußern, laufen Sie Gefahr, sozial ausgeschlossen zu werden, weil der Zuhörer Ihre Kritik und Skepsis unweigerlich auf die Themen »Pandemiebekämpfung« und »Impfung« beziehen wird. Im schlimmsten Falle gelten Sie sogar als »Wissenschaftsleugner«. Wie gesagt: Man hat es behaglicher im Team »Vertrauen«, weil man sich damit der Mehrheitsmeinung anschließt, während man sich rein durch seine Zuordnung zum Team »Misstrauen« verdächtig macht, Verschwörungsideologien anzuhängen oder sie gar zu verbreiten. Sind Sie einmal als Angehöriger des Teams »Misstrauen« bekannt, werden Sie momentan mit recht hoher Wahrscheinlichkeit von Ihren Verwandten und Bekannten ausgeladen, von Freunden und Berufskollegen gemieden und sogar den Job oder lukrative Aufträge verlieren.

Wir müssen konstatieren, dass es dieses Ungleichgewicht der Teams derzeit gibt, und das macht es schwierig, sich unvoreingenommen zu bekennen. Viele Menschen wären vielleicht gerne im Team »Misstrauen«, weil sie entsprechende Erfahrungen gemacht haben oder einen optimistischen Blick auf die Vorgänge angesichts der Schwäche der menschlichen Natur für naiv halten. Aber sie trauen sich nicht, das zuzugeben, weil sie Nachteile befürchten. Es gibt sicherlich auch einige, die viel lieber im Team »Vertrauen« wären, dazu aber zu viel von dem, was sie erfahren haben, verdrängen bzw. zu sehr gegen ihr eigenes Gewissen angehen müssten.

Eine schädliche Illusion

Warum aber sprechen wir in einem Buch, in dem es um die Ethik des Impfens geht, über Utopien und Dystopien, über Ver- und Misstrauen? Warum sprechen wir über Teams und »moral tribes«?

Wir wären sicherlich gerne auf der Seite der Guten, gerade wenn es um Fragen der Impfung geht. Wir würden viel dafür geben, wären wir im Besitz einer Gewissheit, dass unsere Position die moralisch richtige ist. Aber in dieser Formulierung steckt schon der Teufel. Gestehen wir ein: Erst haben wir eine Position, und dann möchten wir bestätigt bekommen, dass sie die richtige und die gute ist. Viel mehr noch: Wir möchten bestätigt bekommen, dass wir, weil und sobald wir diese Position »haben«, die Richtigen und Guten sind.

Und selbst das Verb »haben« mag an dieser Stelle nicht ganz ausdrücken, was hier vor sich geht: Wir »haben« eine Meinung, eine Ansicht, eine Position nicht, sondern vielmehr hat sie uns. Sie hat, ohne dass wir wüssten, wie (und wir wissen ja meistens nicht einmal, dass!) von uns Besitz ergriffen, sodass wir nicht mehr die bewusst und vernünftig reflektierenden, nachdenkenden und entscheidenden Subjekte sind, für die wir uns halten, sondern eher Opfer einer Ansicht, die sich unserer bemächtigt hat. Es könnte eine

Illusion sein, zu denken, wir müssten uns nur unvoreingenommen mit den ethischen Theorien und Positionen befassen, um eine vernunftgemäße und daher der Wahrheit entsprechende, also moralische Haltung einzunehmen – eine sehr schädliche Illusion.

Unsere Aufgabe, die Aufgabe unseres Verstandes, ist es dann, im Nachhinein die Position, die uns als ihren »Wirt« ausgewählt hat, mit Gründen auszustatten. Letztendlich jedoch weist viel darauf hin, dass unsere »Vernunftgründe« bloße Rechtfertigungen ex post eines einmal eingenommenen Standpunkts sind, der so sehr mit unserer Identität verschmolzen ist, dass wir lieber stur an einem einmal gewählten Irrtum festhalten als ihn aufgeben.

Was heißt »ethisch argumentieren«?

Wenn es sich bei der Vorstellung, wir wären die souveränen Gebieter über unsere Ansichten und Meinungen, um eine Illusion handelt – warum dann ein Buch über die Ethik des Impfens lesen? Ist nicht Ethik der Bereich der Philosophie, der über Grundsätze moralischen Handelns Auskunft geben will und sie im vernünftigen Diskurs gegeneinander abwägen will, um so auf eine universelle Wahrheit zu kommen, vorausgesetzt, dass es eine solche gibt? Oder, in einer abgeschwächten Version, die stärker auf den Pluralismus der Moderne eingeht: Wir mögen angesichts der Komplexität der Verhältnisse nicht auf einen Nenner kommen, der uns erlaubt, in so gewichtigen Fragen wie etwa der nach dem Schwangerschaftsabbruch, der pränatalen Diagnostik, der Sterbehilfe usw. einen Konsens zu erreichen. Den Anspruch, die eine und ewige Wahrheit erkennen zu können, haben wir fallengelassen, weil wir uns über die mannigfachen Faktoren, die auf unser Erkenntnisvermögen Einfluss nehmen, bewusster sind als unsere optimistischeren Vorfahren des Zeitalters der Aufklärung.

Und doch hat die Ethik, als philosophische Disziplin betrieben, die Hoffnung nicht aufgegeben, dass wir durch die Angabe von Gründen uns selbst immer wieder prüfen können: Ist unsere Meinung nur eine unreflektierte Ansicht, oder hat sie Hand und Fuß? Wer ethisch argumentiert, stellt an sich selbst den Anspruch, seine Ansichten durch bestimmte Prinzipien, im besten Falle sogar nur ein einziges, leiten zu lassen – sodass es sich bei ihnen nicht um das Werk puren Zufalls, erzieherischer Willkür, kultureller Prägung oder genetischer Lotterie handelt, sondern um das Ergebnis eines Nachdenkens, das jedem Menschen offensteht, der sich um Nüchternheit und Logik bemüht. Wir haben nicht nur den Anspruch, uns selbst vernünftig, prinzipientreu und nach den Regeln der Logik in unserem moralischen Denken leiten zu lassen, wir sollten auch den Willen haben, unsere Erkenntnisse sprachlich mitteilbar, nachvollziehbar und überprüfbar zu machen, um sie wissenschaftlichen Standards der Verifizier- und Falsifizierbarkeit zu unterwerfen.

Bei der Frage nach der Impfung sieht es mit diesen Ansprüchen nicht gerade rosig aus, zumal sie von allen gesellschaftlich und politisch diskutierten Themen das derzeit virulenteste und emotional aufgeladenste ist. Ein Thema, das zudem höchste politische Brisanz und epidemiologische Dringlichkeit besitzt. Für den ethisch fragenden Menschen sind das nicht unbedingt die besten Voraussetzungen, weil die Begründungen und Schlussfolgerungen, mit denen Menschen argumentieren, durch allerlei themenfremde Motivationen verfälscht sein können. Zudem verbirgt sich hinter der Frage derzeit ein immens großes Interesse daran, dass maßgebende Menschen (also diejenigen, die »etwas zu sagen haben« und über gesellschaftlichen Einfluss verfügen) sie nicht »falsch« beantworten – »falsch« in dem Sinne, was diejenigen, die ein handfestes materielles Interesse an der Frage haben, als für sie schädlich ansehen würden.

Lassen Sie mich dafür zwei simple Beispiele geben. Die Fußballprofis Alphonso Davies und Pierre-Emerick Aubameyang waren zwei von zahlreichen Sportlern, die im Winter 2021/22 an einer Herzmuskelentzündung zu laborieren hatten. Es gab eine derart augenscheinliche Häufung von Myokarditiden bei Spitzensportlern, dass die Meldung »plötzlich und unerwartet« in Bezug auf eine Erkrankung, einen Kollaps während des Wettbewerbs oder sogar auf den Tod, trendete. Daraus nährte sich in einigen Kreisen der Verdacht, sie stehe in kausalem Zusammenhang mit der Impfung, die so viele Sportler verabreicht bekommen hatten, zumal Herzmuskelerkrankungen bei Impfkritikern als typische Folge einer Sars-Cov-2-Impfung mit mRNA-Technik gelten.[27]

Die Fälle Davies und Aubameyang waren Wasser auf die Mühlen jener Skeptiker, die vor den unerwünschten Nebenfolgen der mRNA-Impfung warnen und prominent genug sind, dass sie von denen, die der Impfung positiv gegenüberstehen, nicht vollständig ignoriert werden konnten. Diese »Impfbefürworter« ordnen die Herzmuskelerkrankung nämlich als Folge einer durchlaufenen Covid-Infektion ein.[28] Sowohl Alphonso Davies als auch Pierre-Emerick Aubameyang waren nämlich an Corona erkrankt; die Symptome lassen sich also genauso gut als Langzeitfolgen deuten. Abgesehen von der Tatsache, dass beide Gruppen (nennen wir sie der Einfachheit halber grob pauschalisierend »Impfkritiker« und »Impfbefürworter«) allgemein als Mengen ohne jegliche Schnittmenge angesehen werden, obwohl ihre Ansichten sich wissenschaftlich gar nicht ausschließen müssten (man könnte durchaus in gleichem Maße von der Gefährlichkeit beider Gefahrenquellen überzeugt sein), ist es offensichtlich unmöglich, dass die beiden Gruppen bei der moralischen Bewertung der Impfung auch beide Deutungen als prinzipiell möglich oder bedenkenswert zulassen. Für die Impfkritiker scheint der Fall klar; die Fälle Davies und Aubameyang zeigen: Ohne Massenimpfung kein vermehrtes Auftreten von Herzmuskelerkrankungen, ceteris paribus[29]. Für die Impfbefürworter scheint nicht einmal der Verdacht, es könne sich bei der Myokarditis um eine Folge der Impfung handeln, aufzukommen; diese Beobachtung wird entweder ignoriert oder von vornherein als »Schwurbelei« aus dem Lager der üblichen Verdächtigen abgetan.

Eine ausgewogene und unvoreingenommene Darstellung zur Forschungslage wird diesem Fall nicht geboten.

Der Zweifelnde muss sich mit Behauptungen von Menschen zufriedengeben, die mit der Autorität des Experten daherkommen und deren Aussagen er nicht weiter überprüfen kann.[30] Da es sich – bei Vertretern beider Seiten – jedoch in den allermeisten Fällen um Laien handelt, die bezüglich der Impfung ein moralisches Urteil fällen, begnügen sich diese schließlich mit dem Hinweis auf verschiedene Beispiele und der Stellungnahme von Experten, falls ihnen die Richtung des Beispiels und der Expertenmeinung zur Untermauerung ihrer bereits »getroffenen« Position zum Thema zusagt. Falls nicht, ignorieren sie diese Beispiele, deuten sie anders oder suchen sich andere Experten, von deren Äußerungen sie sich Unterstützung ihrer lieb gewonnenen Sichtweise versprechen. Eine vernunftgeleitete Auseinandersetzung mit moralischen Urteilen ist auf dieser Seite nur sehr schwer möglich.

Daher läuft es auch fehl, wenn wir versuchen wollten, die Moralität bzw. Immoralität des Impfens, der Massenimpfung oder der staatlich befohlenen Impfung mittels »Fakten«, »Studien«, »wissenschaftlichen Erkenntnissen« etwa zu Nebenwirkungen »beweisen« und dem anderen Team verständlich machen zu wollen.

Kapitel 5

DIE AUFGABE DER ETHIK

Wie aber steht es in dieser Hinsicht mit unseren »Prinzipien«? Die Ethik, als die philosophische Disziplin, die sich mit den Prinzipien der Moral auseinandersetzt, könnte uns doch wenigstens ohne Bezug auf die aktuelle Weltlage Richtschnüre an die Hand geben, mit denen wir a priori, vor aller Empirie, die Dinge auf ihre Moralität hin untersuchen können. Bezogen auf die Ethik lassen sich bekanntlich grob zwei Prinzipien unterscheiden, nach denen man ethisch argumentieren kann: die »utilitaristische« und die »deontologische« Theorie.

Mit Utilitarismus bezeichnet man ein Denken, dessen oberstes Prinzip jeder ethischen Antwort in der Überlegung beruht, dass das Handeln eines moralischen Subjekts die Freude (den Nutzen, das Wohlergehen) steigern und/oder das Leid (den Schmerz) verringern sollte. Eine Handlung wird aus utilitaristischer Sicht dann als moralisch gut bewertet, wenn sie dazu in der Lage ist, mehr Freude in Summe hervorzubringen, als es ohne sie der Fall wäre. Das

Gleiche gilt, falls sie dazu angelegt ist, die Summe des Leides der von ihr direkt oder indirekt Betroffenen zu mildern. Moralisch schlecht wäre eine Handlung im Umkehrschluss dann, wenn sie Freude verringert oder Leid vermehrt. Wie man Freude und Leid misst, ob es qualitativ unterschiedliche Arten von Freude und Leid gibt, die also nicht eins zu eins gegeneinander abgewogen werden können, ob ein Mehr an Freude des einen ein Mehr an Leid des anderen rechtfertigen kann, sobald die Freude das Leid auch nur um einen Hauch übersteigt – das alles sind Fragen, die an die utilitaristische Ethik im Besonderen gestellt werden und uns hier nicht weiter zu kümmern brauchen.

Der klassische Gegensatz zum Nützlichkeitsdenken des Utilitarismus ist die Ethik, deren Formulierung man Immanuel Kant zuschreibt, der in seinem berühmten Kategorischen Imperativ davon ausgeht, dass nicht etwa eine Handlung oder eine Charakterstärke moralisch gut oder schlecht zu bewerten sind, sondern allein der Wille, von dem sie angetrieben werden. Ist der Wille, der uns zu bestimmten Taten treibt, gut, dann müssen wir uns keine Gedanken machen, ob die Konsequenzen moralisch gut oder schlecht (also nützlich oder schädlich sind). Dies liegt nämlich kaum in unserer Hand.

Nun fragt sich, wann unser Wollen denn tatsächlich gut genannt werden kann. Welche Voraussetzungen müssen gegeben sein, damit wir sagen können: »Das zu wollen, war moralisch gut«? Kant gibt folgende Antwort: Der Wille ist gut, der aus Achtung vor dem moralischen Gesetz handelt. Dieses Gesetz wird als universell und ewig begriffen, gleich einem Naturgesetz, das für die physisch vorhandenen Dinge auf der Welt gilt, unabhängig von ihren individuellen Eigenheiten. Mit dem gewichtigen Unterschied freilich, dass die materiellen Dinge dem Naturgesetz quasi »gehorchen« – ein Stein etwa ist nicht frei, sich im einen Moment für und im anderen Moment gegen das Schwerkraftgesetz zu entscheiden. Der Mensch hingegen ist frei, dem moralischen Naturgesetz zu gehorchen oder sich ihm zu verweigern. Das macht seine besondere Würde aus, die ihn von allen anderen materiellen Dingen, und auch von den Tieren, unterscheidet.

Der Mensch ist als moralisches Subjekt also in der Lage, aber nicht gezwungen, dem moralischen Gesetz zu folgen, d. h. seinen Willen auf die Erfüllung dessen, was das moralische Gesetz verlangt, zu richten und dementsprechend zu handeln.

Was aber ist das moralische Gesetz, worin besteht es, was verlangt es vom Menschen? Da es verallgemeinerbar sein soll, also zu jeder Zeit, an jedem Ort, für jeden Menschen gleichermaßen gültig, ist es eben genau das, was es ausmacht: seine Verallgemeinerbarkeit. Wenn es möglich ist, ein bestimmtes Prinzip des Handelns als für alle Menschen anwendbar zu denken, dann kann ich davon ausgehen, dass dieses Prinzip nicht moralisch schlecht sein kann. Der Kategorische Imperativ ist also einer, der stets, überall und von jedem angewandt werden kann, ohne dass es zu logischen Widersprüchen oder Unmöglichkeiten käme.

»Handle so, dass die Maxime deines Handelns jederzeit als Prinzip einer allgemeinen Gesetzgebung gelten könne.«

Moralische Pflicht oder Nützlichkeit?

Man sieht den Unterschied zwischen den beiden Hauptströmungen des ethischen Nachdenkens sofort. Der Utilitarismus bezieht sich auf die Folgen einer Handlung, also auf die Frage, ob das, was sie bewirkt, mehr Freude oder mehr Leid hervorruft. Die Pflichtethik sieht allein auf die Absicht des Handelns, also darauf, ob der Mensch, der etwas will, sich mit diesem Willen im Einklang mit dem moralischen Gesetz befindet, das ihm allein sagt: Falls es nicht für alle gleichermaßen gültig sein kann, dann solltest du nicht nach diesem Prinzip handeln. Selbst wenn es eine positive Wirkung hätte!

Stellen wir uns einen Fall vor, in dem wir durch Lügen ein positives Ergebnis erzielen könnten und die Gefahr, dass unsere Lüge aufgedeckt würde, gleich null wäre. Wir erreichen also, dass Freude gesteigert und/oder Leid vermindert würde – durch unsere Lüge. Utilitaristisch gesehen wäre eine solche Lüge prinzipiell eine gute Tat, deontologisch allerdings wäre sie verwerflich, obwohl sie ein positives Ergebnis gezeitigt hat. Und zwar allein aus dem Grund, weil sie als Prinzip (etwa: »Ich mache es mir zum Prinzip meines Handelns, immer dann zu lügen, sobald ich daraus einen Vorteil für meine Mitmenschen erhoffe.«) nicht für alle Menschen gültig sein kann. Eine Welt, in der jeder jeden anlügt, wäre logisch nicht vorstellbar, weil der Begriff des Lügens in ihr keinen Sinn ergeben würde.

Was soll nun eine solche kleine, zugegebenermaßen sehr grobe und vereinfachende Einführung in die Ethik an dieser Stelle, wo es doch um unser aller Zukunft – und Ihre Vorstellung von ihr – gehen soll? Die Frage, wie Sie sich die Zukunft vorstellen (also eine Welt in weniger als einem Jahrzehnt, in der die Entwicklungen im wissenschaftlich-medizinischen Bereich, aber auch in der modernen Politik und der Medienlandschaft, so weitergehen, wie in den letzten Monaten und Jahren), zielte darauf ab, zu eruieren, welchem Team Sie angehören – selbst und gerade, wenn es Ihnen nicht bewusst ist. Ich behaupte, dass diese Zugehörigkeit kaum erschüttert werden kann. Ein Wechsel vom einen Team ins andere kann nur auf lange Frist und durch einschneidende Erlebnisse (seien sie Segnungen oder Enttäuschungen) bewerkstelligt werden.

Wie wir die Welt und die Entwicklungen in Wissenschaft und Politik wahrnehmen, hängt von dem Team ab, dem wir angehören. Normalerweise denken wir, erst hätten wir eine Meinung zu den Dingen, dann würden wir uns dem entsprechenden Team zuordnen. Doch es hieße, den Menschen nicht gut zu kennen, wollten wir behaupten, er würde sich vorurteilsfrei die Welt ansehen, Nachrichten unvoreingenommen konsumieren und erst nach langem Abwägen und reiflichem Überlegen langsam, aber sicher eine Weltsicht festigen, die ihn dann zum Mitglied im Team »Vertrauen« bzw. »Misstrauen« macht.

Das steht, wie gesagt, dem herkömmlichen Anspruch der Ethik, ja insgesamt der traditionellen Philosophie entgegen, die den Menschen gerne als vernunftbegabtes Wesen ansieht, das nicht nur Opfer seiner Prägungen und Erziehung ist.

Diese Ethik kommt nun daher mit einem Angebot an obersten Prinzipien, die wir durchdenken sollen: Was ist gut? Das, was den Nutzen für die Menschen befördert? Oder ist das gut, was dem ewigen moralischen Gesetz entspricht (das sich offenbar um Nützlichkeit nicht groß schert)? Mit diesem Angebot einher geht offenbar die Behauptung, der Mensch sei in der Lage, seine Prägung zu überwinden, indem er sich über die Bedeutung dieser Prinzipien Gedanken macht – und nun begründet zu einer Erkenntnis über ein moralisches Problem kommt.

Wir sehen allerdings derzeit sehr deutlich, dass die Tatsache, dass wir ein ethisches Prinzip (Nützlichkeit vs. Pflicht) wählen, mehr mit unserer Zugehörigkeit zu einem der beiden Teams zu tun hat, als es uns lieb ist. Es ist auffällig, dass, in Bezug auf die Frage nach der Impfung, diejenigen, die eher dem Team »Vertrauen« zuneigen, sich derzeit gerne einer utilitaristischen Begründung bedienen: Wenn die Impfung nützlich ist (also mehr Leid verhindert, als sie erzeugt, oder mehr Leid verhindert, als durch ihre Nichtanwendung entstehen würde), dann ist sie moralisch zu bevorzugen.

Freilich sind auch die Mitglieder des Teams »Misstrauen« bisweilen Utilitaristen, nämlich wenn sie die Nebenwirkungen und Nachteile einer Impfung aufzählen und sie mit den versprochenen Vorteilen in Abwägung bringen. Doch diese Argumentation bleibt oft beim Aktuellen und muss sich immer wieder die Fakten heraussuchen, die ihr entsprechen. Der Utilitarist muss sehr viele Überlegungen mit einbeziehen, über die er derzeit – und voraussichtlich für eine lange Zeit – nur vorläufige Daten vorliegen hat, die zudem den unterschiedlichsten Quellen entstammen.

Was das Team »Misstrauen« aber in dieser Hinsicht einmalig macht, ist sein Bezug auf die Pflichtethik. Das unterscheidet es vom Team »Vertrauen«, das ja dafür ist, eine Technik einzusetzen, die mit gewissen anderen ethischen Prinzipien im Konflikt steht (etwa dem der körperlichen Selbstbestimmung). Der Bezug auf ein allgemeingültiges ethisches Gesetz, das nicht auf die tatsächlichen Folgen sieht, sondern den Wert einer Handlung allein aus seiner Verallgemeinerbarkeit ableitet, ist für das Team »Misstrauen« leitend. Es macht sie unabhängig von der jeweiligen »Studienlage«, die immer nur ein recht subjektives und eingeschränktes Abbild von Sätzen sein kann, die als Konsens der Wissenschaft behauptet werden. Forscher, deren Studien dem Paradigma widersprechen, werden nicht etwa gleichberechtigt angehört und anderen wissenschaftlichen Stimmen gegenübergestellt, sondern gerne ignoriert oder diffamiert.

So kann der Bezug auf eine deontologische Ethik gewissermaßen ein Ausweg aus der schwierigen Lage sein, sich auf dem Feld der Nützlichkeitsabwägungen mit dem Team »Vertrauen« streiten zu müssen, das oft nicht gewillt ist, Forschungsergebnisse zur Kenntnis zu nehmen, die dem herrschenden Narrativ widersprechen. Diese widersprechenden Ergebnisse werden dann als »Mindermeinungen« abgetan; auf diese Weise schützt man sich vor Informationen, die dem eigenen Weltbild, und damit der eigenen Identität, gefährlich sein könnten. Eine sachliche Diskussion scheint auf dieser Ebene kaum möglich.

Also wechselt das Team »Misstrauen« (freilich nicht auf so bewusste Weise, wie es hier den Anschein haben mag) ins Fach der Pflichtethik. Diese bekommt einen starken Rückhalt noch durch eine weitere, nicht viel weniger berühmte Formulierung des Kategorischen Imperativs durch Immanuel Kant. Dieser erklärt, dass der Mensch »nicht bloß als Mittel zum beliebigen Gebrauch für diesen oder jenen Willen« existiert, sondern als »Zweck an sich«. Daher muss er »in allen seinen, sowohl auf sich selbst, als auch auf andere vernünftige Wesen gerichteten Handlungen jederzeit zugleich als Zweck betrachtet werden.« Die Menschheitszweckformel als Imperativ formuliert lautet nach Kant:

> *»Handle so, daß du die Menschheit, sowohl in deiner Person als in der Person eines jeden anderen, jederzeit zugleich als Zweck, niemals bloß als Mittel brauchest.«*

Was in dieser Formulierung deutlich aufscheint, ist die Absage an jeglichen schrankenlosen Utilitarismus. Dürfen wir alles tun, was nützlich ist, oder von dem wir uns Nutzen versprechen? Gibt es da keine Grenzen? fragt der Utilitarismuskritiker. Und mit der Menschheitszweckformel bekommt er eine Formulierung an die Hand, die ihm eine Grenze aufzeigt. Diese liegt bei nichts Geringerem als bei der Würde des Menschen. Denn mit ihr verbunden ist die Unterscheidung, die Kant in Bezug auf den Menschen einführt: Die meisten Dinge haben einen Preis, doch der ist zu unterscheiden von seinem Wert. Der Mensch allein besitzt, gerade weil er ein autonomes Subjekt ist, also zu moralischem Urteil fähig und zu moralischem Handeln frei, eine

Würde, die mit nichts vergleichbar ist. Dinge, die einen Preis haben, sind durch eben diesen Preis mit anderen Dingen vergleichbar. Ein Laib Brot kostet in der Regel doppelt so viel wie ein halber Laib Brot. Ein Mensch aber ist nicht zweimal so würdig oder wertvoll wie ein halber Mensch. Würde ist ein Begriff, der sich der Messbarkeit entzieht.

In der Menschheitszweckformel kommt dies dergestalt zum Ausdruck, dass das moralische Gesetz verlangt, den Menschen niemals bloß als Mittel zu einem Zweck zu verwenden – eben weil er Träger dieser einzigartigen Menschenwürde ist, die genau das verbietet. Wer Menschen wie ein Werkzeug behandelt und sie nicht zugleich in ihrer Eigengesetzlichkeit achtet, handelt damit unmoralisch, ganz gleich, was die erzielten Ergebnisse für Freude und Nutzen in die Welt bringen mögen oder wie viel Leid sie verhindern mögen. Wenn ich durch die Versklavung eines einzelnen Menschen die ganze Welt retten könnte, wäre diese Tat immer noch moralisch falsch, weil ich eben nicht die Würde dieses einzelnen Menschen als unantastbar beachtet habe.

Wir sehen, welch starkes argumentatives Bollwerk die Menschheitszweckformel in der Frage nach der Ethik des Impfens für die Angehörigen des Teams »Misstrauen« ist. Um sich gegen die Ansicht, man dürfe Menschen zu einer Impfung zwingen, zu positionieren, brauchen sie nur die Menschheitszweckformel zu zitieren, auf deren Verständnis schließlich unser im Grundgesetz niedergelegtes Bekenntnis zur unantastbaren Menschenwürde beruht.[31] Und in der Tat ist diese Position nur sehr schwer von der Hand zu weisen. Man müsste als »Impfzwangbefürworter« schon behaupten, dass es mit einer Verletzung ihrer Würde nichts zu tun habe, wenn man Menschen durch Androhung von staatlicher Gewalt (oder auch durch den Entzug von Privilegien) dazu nötigt, einen medizinischen Eingriff an sich vornehmen zu lassen, dem sie – aus welchen Gründen auch immer – nicht freiwillig zustimmen.

Doch ich greife voraus. Was ich zeigen möchte, ist, dass wir nicht zu Utilitaristen oder Pflichtethikern werden, weil wir es in jahrelangem Studium philosophischer Schriften und nach reiflicher Reflexion der Prinzipien als die richtige ethische Einstellung bewertet haben, sondern weil wir eben dem Team »Vertrauen« bzw. »Misstrauen« angehören. Wir haben eine Einstellung zu einer Problematik (bzw. sie hat vielmehr uns), und die Aufgabe unseres Verstandes besteht darin, die passende Ethik zu finden, die unserer Position den Anstrich des vernünftig Durchdachten, des Kommunizierbaren, ja der Objektivität verleiht. Welche Ethik wir ergreifen, hängt davon ab, was für ein Mensch wir sind, könnte man in Abwandlung eines Zitats des deutschen Philosophen Johann Gottlieb Fichte sagen.

Macht aber diese Einsicht nicht das Bestreben dieses Buches, ja überhaupt jegliches Nachdenken über ethische Probleme des Impfens, hinfällig? Wenn die Ansichten der Menschen nur ein reflexhaftes Abbild ihrer Teamzugehörigkeit sind, dann werden sie diese auch nicht auf dem Wege vernunftgeleiteten Nachdenkens ändern – egal, wie trefflich die Argumente zu sein vermögen, die die Gegenseite für ihre Position anführt.

Denn seien Sie ehrlich: Wie groß ist Ihre Offenheit, sich hier von mir »eines Besseren belehren« zu lassen? Für wie wahrscheinlich halten Sie die Möglichkeit, dass Sie in Sachen »Ist Impfen gut oder böse?« nach der Lektüre dieses Buches umgestimmt sein werden? Meistens greifen wir sowieso nach dem Buch, das verspricht, unsere Weltsicht zu bestärken, anstatt sie anzugreifen. Wie wahrscheinlich ist es also, dass zu diesem Buch (oder zu jedem anderen, das sich mit derart virulenten Fragen auf philosophische Weise auseinandersetzt) eine Gruppe Menschen greift, die zu etwa gleichen Teilen aus Impfbefürwortern wie aus Impfgegnern besteht?

Wir sind nicht Herr unseres moralischen Urteils

Und eine neutrale Ansicht? Gibt es nichts dazwischen? Tatsächlich existiert eine Vielzahl von Ansichten, die man getrost als vermittelnde Positionen bezeichnen könnte. Aber seien wir uns bewusst: In der derzeitigen Situation geht es nicht um Vermittlung. So sehr man auch selbst um Ausgleich und Differenzierung bemüht sein mag – sobald man sich im privaten oder öffentlichen Raum pro oder contra Impfung ausspricht, wird man von den Gesprächsteilnehmern eingeordnet und kategorisiert werden. Neutral sind sie also allemal nicht.

Und seien wir uns der grundlegenden Tatsache bewusst, dass auch die differenzierteren und vermittelnden Positionen sich ableiten von der Grundeinstellung, die wir zu den Dingen haben: Entweder haben wir Vertrauen in Wissenschaft und Technik, wie sie derzeit unsere Geschicke zu lenken scheinen, und Vertrauen darein, dass die Art und Weise, wie sie derzeit betrieben und gefördert werden, einen stetigen Fortschritt hervorbringen wird. Oder wir misstrauen den Verlautbarungen der Politiker und Meinungsmacher über die Unausweichlichkeit dieses Fortschritts und argwöhnen, dass die Politik die Teile der Wissenschaft, deren Haltungen und Ergebnisse ihr zupasskommen, für ihre Zwecke instrumentalisiert. Die identitätsbildende Kraft, die diesen Grundeinstellungen zukommt, wirkt viel stärker als jede vernünftig scheinende Differenzierung auf unser moralisches Urteil ein.

Sich dies einzugestehen, würde allerdings bedeuten, dass kein Buch der Welt uns von unserer Ansicht abbringen könnte. Auch neuere Ergebnisse der Forschung, was z. B. unerwünschte Nebenwirkungen von Impfstoffen angeht, fallen nicht in einen luftleeren Raum in unserem Bewusstsein, wo sie dann von einer unvoreingenommenen Instanz nach logisch-vernünftigen Kriterien geordnet werden, sodass sie, sobald bisher bestehende gegenteilige Forschungsergebnisse zum Thema überwiegen, unsere Einstellung zur Impfung grundlegend verändern würden.

Nein – widersprechende Ergebnisse werden häufig, so sie denn überhaupt unsere Wahrnehmungsschwelle überschreiten, entweder ignoriert, erfolgreich verdrängt oder in ihrem Stellenwert so heruntergespielt, dass sie unser Weltbild – und unsere mit ihm zusammenhängende Identität – nicht wirklich gefährden können. Unser Bewusstsein ist ein Meister darin, ihm gefährliche Inhalte unschädlich zu machen.

Was für ein Mensch wollen wir sein?

Was bedeutet dieses Eingeständnis aber für eine Ethik, die den Anspruch erhebt, durch vernunftgeleitetes Denken und offene Kommunikation zumindest auf eine gemeinsame Basis der Erkenntnis zu gelangen, die die Gesprächsteilnehmer aller Seiten als einen Erkenntnisfortschritt in Richtung moralischer Wahrheit ansehen können? Wäre ethisches Nachdenken nicht per se schon ein hoffnungsloses Unterfangen und die Behauptung, man könne mit ihm seine persönlichen, psychologisch und kulturell bedingten Vorurteile und Präferenzen überwinden und zu einem vernünftigen Konsens kommen, eine Illusion?

Wir müssen der Möglichkeit ins Auge sehen, dass ethisches Reflektieren vor allem in den Fällen, wo es Gegenstände von höchster Brisanz und Aktualität berührt, keinem anderen Zweck dient, als eine weitere Autorität aufzustellen in einer Welt, deren alte Autoritäten wie Gott, Kirche, Papst abgedankt haben. Was Ergebnis ethischer Reflexion ist, erhält so den Anschein einer Universalität, auf die sich jeder vernünftig denkende Mensch einigen können sollte. Somit wäre jeder, der diesem Ergebnis widerspricht, ebenso ein Ketzer wie der, der einstmals die Existenz Gottes geleugnet hätte. Das säkulare Diktum »Die Ethik sagt« tritt in einer solchen Welt an die Stelle des alten »Deus vult[32]« oder eines religiösen Dogmas.[33] Darüber hinaus ist die Moral bloß ein abstraktes Prinzip, das mit dem eigentlichen Leben sehr wenig zu tun hat – oft unverständlich, selten konsequent umzusetzen, meistens lust- und manchmal sogar lebensfeindlich. Wie soll uns ein solches Prinzip derzeit etwas Taugliches an die Hand geben können? Wir brauchen keine neuen Glaubenssätze, keine Zehn Impfgebote, keinen biomedizinischen Katechismus.

Trotzdem ist es mit der Ethik kein zweckloses Unterfangen. Sie sei mehr als das Abwägen von empirisch messbaren Daten und Kosten-Nutzen-Verhältnissen, hatte ich am Anfang der Überlegungen behauptet. Aus der Aufzählung bloßer Fakten lässt sich kein normatives Urteil logisch schließen. Andernfalls wären wir abhängig von der Empirie und somit unfrei. Ethik muss mehr sein, muss sich an meta-empirischen Werten und Tugenden orientieren. Doch schwindet unsere Freiheit wieder, sobald wir uns eingestehen, dass unsere Beurteilung dieser Werte und Tugenden keine reflektierte und selbstverantwortete Eigenleistung der Vernunft ist, sondern unsere Identität als Menschen widerspiegelt.

Das klingt wie eine frustrierende Einsicht, könnte zugleich aber auch eine sein, aus der wir Hoffnung schöpfen können. Auch wenn reine Vernunftargumente unser moralisches Urteil nicht verändern, ist auf dem Feld der Ethik nicht alles rettungslos verloren, sobald wir verstehen, dass wir uns selbst als Menschen darüber definieren, wie wir auf diese oder jene moralische Frage antworten. Wir können uns erst frei und selbstbestimmt zur Frage nach der Impfung verhalten (und ihren Einsatz beurteilen), indem wir uns bewusstwerden, was für eine Zukunft wir begrüßen und welche wir fürchten, und wie wir die aktuelle Lage sehen und wie sie uns existenziell berührt. Im Grunde geht es darum, welch ein Bild wir uns vom Menschen machen.

Ich habe daher versucht, ein auf Tatsachen beruhendes Bild unserer Lage zu zeichnen. Es ergibt ein Bild, das nachfolgenden Generationen möglicherweise äußerst seltsam anmuten wird: das Bild einer in Angst und Erlösungssehnsucht getriebenen, paranoiden Gesellschaft.

Kapitel 6

DER HEILIGE GRAL

Nicht umsonst werden einer solchen Gesellschaft die Waren und Dienstleistungen der Pharmaindustrie in überdeutlicher Bildsprache als religiöse Verheißung angepriesen, ihre Entwickler als Erlöserfiguren und ihr Konsum als Eingang ins Paradies. Die Rhetorik der Politiker, Journalisten, Intellektuellen und Prominenten weist, wie gezeigt, auf den kultischen Charakter der neuen Pharma- und Medizinprodukte zur Optimierung des menschlichen Körpers und Lebens hin. Es scheint, dass neue Methoden, Instrumente und Techniken im Bereich der Naturwissenschaft, genauer der Biologie, Biochemie und Medizin, dazu auserkoren sind, unsere Hexenbesen zu werden. Als Zauberlehrlinge hatten wir die Hybris, uns ihrer ohne Sinn und Verstand ermächtigen zu wollen, sodass wir jetzt vor der Dominanzumkehr stehen – wenn wir sie nicht schon längst hinter uns haben.

Das Werkzeug hat sich vom Menschen gelöst und hat den Menschen in die Hand bekommen«, wie Ivan Illich in »Selbstbegrenzung« schreibt:

»Wir haben versucht, die Maschine für den Menschen arbeiten zu lassen, und den Menschen zum Dienst an der Maschine zu erziehen. Der Versuch ist gescheitert. Die Hypothese der weltweiten Experimente war, den Sklaven durch den Motor zu ersetzen. Nun ist es offenbar, daß das zu diesem Zweck eingesetzte Werkzeug den Menschen zu seinem Sklaven macht.«[34]

So Illich bereits im Jahr 1975.

Was bedeutet das für uns heute? Die Biotechniken, die wir nutzen wollten, um uns ein längeres und besseres Leben zu ermöglichen, bestimmen durch die reine Macht der Sachgesetzlichkeiten, dass und wie wir sie einsetzen. Sie bekommen eine technokratische Übermacht über andere Instrumente, vor allem aber über die Ziele einer Gesellschaft. Das bloße Vorhandensein von Biotechnik bestimmt auf diesem Wege die Ziele und Werte, die sich eine Gesellschaft setzt und damit auch die Entscheidungen der Politik. Da es Biotechniken (und darüber hinaus Überwachungs- und Kontrolltechniken) sind, heißen die Ziele und Werte nicht mehr »Freiheit des Individuums«, sondern »Volksgesundheit«, »Stabilität des Gesundheitswesens«, »gefühlte Sicherheit« und »reibungsloses Funktionieren von Gesellschaftsprozessen und Institutionen«. Das übergeordnete Ziel ist also die Aufrechterhaltung des Systems, das sich dieser Instrumente und Techniken bedient.

Besonders beliebt ist dabei in letzter Zeit die Biotechnik der Impfung, da nur sie einen Ausweg aus den Hygiene-Miseren der hypermobilen globalen Massengesellschaft zu bieten scheint. Wenn wir nicht Reiseverkehr, Handelsströme und Versammlungsfreiheiten für immer einschränken und kontrollieren wollen (und selbst wenn), brauchen wir eine One-size-fits-all-Lösung, die uns aus dem Schlamassel herausholt. Es kann daher nicht verwundern, dass die Impfung wie der Heilige Gral angepriesen wird und die moderne Medizin, Teile der Naturwissenschaft und die Pharmaunternehmen geradezu als verschworene Gralsgesellschaft auftreten.

In der Überlieferung wird der Heilige Gral als ein magisches Gefäß beschrieben – eine Schale, ein Kelch oder ein Stein – das in einer unzugänglichen Burg von Gralsrittern bewacht wird und Glückseligkeit, Lebenskraft, ewige Jugend und Wohlstand schenkt.

Umgeben ist der Heilige Gral von einer Gemeinschaft, die unter einem Mangel leidet. Dieser drückt sich in verschiedenen Bildern aus: Der König ist krank, das Reich unfruchtbar, die Gralsgemeinschaft steril. Daher wartet sie auf einen Helden, der den Gralskönig erlöst und ihr damit das Heil bringt.

Gralsgemeinschaft oder Biotechnologie – das Versprechen erscheint vergleichbar. Die Wirren der Zeit lösen sich auf, Lasten und Sorgen fallen vom Menschen ab, er wird leichter alt, glücklich und gesund. Und wenn schon nicht gesund, dann wenigstens nicht krank. Und wenn schon nicht nicht-krank, dann wenigstens nicht dann krank, wenn er damit ein marodes Gesundheitssystem be- oder gar überlasten könnte. Und wenn schon nicht nicht-krank, dann wenigstens nicht »testpositiv«.

In der Gralsgeschichte ist der König krank – hier ist es das System des überbordenden Kapitalismus, das krankt und alle ins Verderben getrieben hat. In der Gralssage ist das Reich unfruchtbar – in der Analogie von heute ist es gebeutelt von Freiheitseinschränkungen, Masken- und Abstandspflichten, mangelnder Bildung, Angst und Einsamkeit, Arbeitslosigkeit und Armut. Die Menschen steril – sie leiden unter der Zukunftslosigkeit und dem mangelnden Willen zur Fruchtbarkeit und Kreativität. In der Gralssage schließlich werden das Weltliche und das Überweltliche zu einer neuen Einheit versöhnt. Auch der kultische Charakter etwa der Impfung weist auf diese Verschmelzung von weltlicher und religiöser Ebene hin: Meine eigene Gesundheit, mehr aber noch die Erlösung der Gralsgesellschaft steht auf dem Spiel. Das Streben des Einzelnen und das Heil der Welt lassen sich endlich miteinander in Einklang bringen. Doch die Frage steht im Raum: Welchen Einklang zwischen individuellem Verlangen und öffentlichen Belangen will die Biotechnik schaffen – und um welchen Preis?

Was wir bereits sagen können: Je mehr wir etwa durch Massentests, Massenimpfungen, Screenings und gesamtgesellschaftliche Studien über unsere Gesundheit wissen, desto deutlicher könnten plötzlich Unterschiede zwischen einzelnen Menschen hervortreten. Düstere Visionen von einem neuen Klassensystem ziehen herauf, das die Menschen in Solidarische und Egoistische, pflichttreue Staatsbürger und empathielose Rebellen, Risikogruppen und Super-Spreader oder eben in Geimpfte und Ungeimpfte unterteilt.

Aber sind nicht mit der Biotechnologie auch der Sozialtechnologie Tür und Tor geöffnet, die das menschliche Leben gründlich überwacht und kontrolliert und unter dem prüfenden Blick der Behörden auswählt und einteilt? All die obligatorischen Tests und Impfpflichten werfen ihre Schatten voraus. Tests, die ein mitunter finsteres persönliches Schicksal vorhersagen, weil sie den Ausschluss oder Einschluss des Individuums mit dem falschen Testergebnis nach sich ziehen. Impfungen, die zwangsweise in breiten Dimensionen – auch Schwangeren und Kindern – verabreicht werden, deren langfristige Unbedenklichkeit aber nicht ausreichend festgestellt wurde.

Werden wir also im Versuch, mögliches künftiges Leid zu verhindern, auf eine barmherzige Weise zerstörerisch sein, indem wir einsperren, isolieren und erhebliche gesundheitliche Folgeschäden riskieren? Wer oder was liefert uns die Kriterien für diese willkürliche Selektion, nennt uns die Grenzen? Denn Grenzen müssen dem Machbarkeitswahn gesetzt werden. Was machbar ist und Gewinn verspricht, wird auch gemacht – eine alte Regel der Ökonomie die ebenso für die Pharmaforschung gilt.

Wir sehen das am Umgang der Pharmaindustrie mit den nicht-menschlichen Tieren, wenn sie als Objekte von Experimenten herhalten müssen. Jegliche ethische Sensibilität im Umgang mit dem Mitgeschöpf bleibt aus, ja Tiere sind hier fern davon, überhaupt als solche angesehen zu werden. Für Forscher und Lobbyisten sind Tiere nichts als lebende Pharmafabriken, Organbanken und Nutzvieh.

Beim menschlichen Tier sieht das (noch) etwas anders

aus. Denn die Menschenwürde macht uns einen Strich durch die Rechnung. Sie hat zu tun mit der alten Doktrin von der Heiligkeit des menschlichen Lebens, seiner Würde und Freiheit. Diese Konzeption der unveräußerlichen Würde aber muss als Errungenschaft der kultivierten Menschheit betrachtet werden. Es handelt sich dabei um ein metaphysisches Konzept, das sich zwar als unbeweisbar, aber doch notwendig erweist, will man nicht auch die letzten Grenzen hin zum Menschen als Versuchskaninchen und bloßem Objekt von Bio- und Sozialtechnologie überschreiten.

Lange Zeit galt die DNS als eine solche rote Linie. Es war eine Grenze der alten Metaphysik, da Vererbung als alleinige Sache Gottes angesehen wurde. Die Keimbahn war für die Wissenschaft tabu, gerade weil man einen metaphysisch gegründeten Begriff von Würde hatte. Der Mensch erlegte sich selbst Schranken auf, da er um seine Inkompetenz in diesen göttlichen Dingen wusste und zu Recht fürchtete, dass seine Hybris eine von künstlichen Wesen bevölkerte Welt entstehen lassen könnte, deren Vorbild Frankensteins Monster ist.

Mit der neuen Form der Impfung aber scheinen wir dieser alten Grenze wieder ein Stück näher zu kommen. Nicht nur, dass die Gesellschaft in Geimpfte und Ungeimpfte zu zerfallen droht (mit drohenden Sanktionen für die Ungeimpften), auch die Hybris des Homo faber, des schaffenden, seine Umwelt verändernden Menschen, scheint nun eine weitere Schranke zu überwinden. Eine Schranke, hinter die man eventuell nicht mehr zurückkehren kann, hat man sie einmal überschritten. Denn kein Experiment und keine soziologische Zukunftsstudie machen diese Gefahr tatsächlich berechenbar.

Diese Fragen der Biotechnologie münden unweigerlich in die Frage nach der Biopolitik, nach Foucault ein Konglomerat von biologisch und medizinisch gegründeten Machttechniken, die »nicht auf den Einzelnen, sondern auf die gesamte Bevölkerung zielen«. Sachwalter dieser Biopolitik sind – analog zu den Sozialingenieuren der Sozialtechniken – die Bioingenieure. Was sie können, ist legitimiert allein durch die Autorität der Wissenschaft sowie durch die Sachgesetzmäßigkeiten der Technik. Ihre Macht ist beinahe vollkommen, und dieser Grenzen zu setzen wäre die Aufgabe einer offenen und pluralistischen Gesellschaft, die diesen Namen verdiente.

Die schöne neue Biomoral

Im engeren Sinne ist die Bioethik zuständig für die Fragen nach der Begrenzung der Biopolitik und der Macht der Bioingenieure. Was sind also die Kriterien, nach denen in der Bioethik gewichtet werden soll? Geht es beispielsweise um Richtung und Geschwindigkeit von Entwicklungen? Fortschritt oder Stillstand oder zurück? Geht es um die Definition von Bereichen, in denen die Biopolitik keinen Zugriff haben sollte?

Oder geht es um den Abgleich mit dem moralischen Empfinden der Menschen? Dieses bildet nämlich noch ein letztes Hindernis, eine letzte Schwelle vor der Allmachtfantasie des neuen Prometheus. Die Suche nach einer neuen Moral, die die alte überwindet, ist daher das gemeinsame Kennzeichnen aller Anwälte der neuen Technologie. Ein moralischer Fortschritt der Menschheit müsse her, heißt es.

Aus dem Blickwinkel der Bioingenieure und ihrer Lobbyisten liefert die Impftechnik unverzichtbare Hilfe, den Fortbestand einer gesunden Menschheit unter erschwerten Umweltbedingungen sicherzustellen. Dafür gab es jedoch bislang keinen ausreichenden Markt, auch weil moralische Bedenken dem flächendeckenden Einsatz einer auf Gentechnik basierenden neuen Technologie entgegenstanden. Was der Wettbewerb auf dem internationalen Markt nicht hergibt, liefert nun die Ökologie/Gesundheitsökologie: ein moralisches Argument für die umstrittene Risikotechnologie. Es gebe eine gewisse Pflicht, nicht nur des braven Staatsbürgers, die Regeln zu befolgen, sondern auch der Öffentlichkeit, den biotechnischen Fortschritt blind abzusegnen. Diese Pflicht zum Fortschritt macht aber eben auch nicht vor der Gentechnik, letztlich auch nicht vor der Reproduktionsmedizin halt. Die neue, entgrenzende Moral sieht dann so aus: Wenn technischer Fortschritt das Wesen des Menschen, gar seine Humanität ausmacht, dann ist jeder Widerstand gegen Technologie inhuman. Der gegen die mRNA-Impfung sowieso.

»In einer solchen Welt reduziert sich ›Gesund-sein‹ auf eine Kombination von Technikgenuß, Umweltschutz und Anpassen an die Technikfolgen«[35], wie Ivan Illich schon 1975 schreibt.

Das Ganze kommt freilich im Gewand wissenschaftlicher Autorität und Vernünftigkeit daher. Aber: Wo wissenschaftliche Vernunft die Spielregeln vorzugeben scheint, herrschen oft genug weltanschauliche Vorurteile und handfeste Wirtschaftsinteressen. Etwas als vernünftig oder wahnhaft zu erkennen, ist niemals nur eine Frage des Expertenwissens, sondern ebenso eine Frage der gesellschaftlichen Konvention, die sich in einer neuen Moral niederschlägt. Diese Moral gibt vor, man solle sich keine Sorgen machen. Man solle die Regeln niemals hinterfragen. Schon gar nicht nach Nebenfolgen fragen. Man solle »der Wissenschaft« vertrauen. Ein gekonnter Kniff aus dem Zauberkasten der Psychologie: Die Ungewissheit der Zukunft einer Risikotechnologie wird ersetzt durch die Gewissheit des Vertrauens.

Die Geister, die ich rief

Das wahre Problem ist aber nicht die Technik selbst, sondern der moralische Status quo der Gesellschaften, in denen sie entfesselt wird. Die fortschrittliche Technik der Bioingenieure trifft auf einen Homo sapiens, der sein historisches Selbstverständnis aus rund 4000 Jahren menschlicher Ideen- und Geistesgeschichte gründet und eben nicht auf eindimensionale Weise durch die Technik moralisch definiert ist. Aber der Mensch, wie wir ihn kennen, handelt nicht linear, sondern muss sich stets zwischen mehreren aus seiner Sicht sinnvollen Möglichkeiten entscheiden.

Nimmt man die moralischen Prinzipien tatsächlich ernst, mit denen die Verfechter der Biotechnologie den Einsatz ihrer Wunderwaffen legitimieren, so wäre die Folge ein umgreifender Bruch mit bisherigen Selbstverständlichkeiten. Denn wer damit argumentiert, die Risikotechnologie verbessere die Gesundheit und Lebensdauer aller Menschen, muss sich fragen lassen, warum diese Rechtfertigung allein für die mRNA-Impfung gegen Sars-Cov-2, ja selbst allein für die Biotechnologie gelten sollen.

Der Heilige Gral, der uns ein langes Leben in Glück und Wohlstand verspricht, könnte sich als damit unglückbringender Talisman entpuppen, der noch mehr und noch unbekanntere Geister herbeiruft, anstatt die alten zu vertreiben.

Kapitel 7

DIE HEILBARKEIT DER KÖRPER

Doch in unserer Not bedürfen wir der Verheißung, die ein Heiliger Gral stiftet, so sehr. Die Not unserer Gesellschaft, die uns die Impftechnik mit derartig offenen Armen willkommen heißen lässt, ist dabei keine rein materielle, nur auf Gesundheit und Krankheit bezogene. Es ist auch ein geistiger Hunger, sowie eine emotionale und spirituelle Verkrüppelung. Es handelt sich um nicht weniger als eine existenzielle Not, durch die es überhaupt möglich war, dass wir uns in verfeindete Lager aufgeteilt haben und den neuen Mitteln der Humanbiotechnologie, von denen die mRNA-Technik eine ist, so zwiegespalten entgegensehen. Der amerikanische Philosoph Michael Walzer diagnostiziert diese existenzielle Not, wenn er schreibt: »In dem Maße, in dem wir das Vertrauen in die Heilung unserer Seele verloren, ist unser Glaube, wenn es nicht bereits eine Obsession ist, an die Heilbarkeit unserer Körper gewachsen.«[36]

Doch was die Mittel der Humanbiotechnologie versprechen, ist weit mehr als die »Heilbarkeit der Körper«, »das

Ende der Pandemie« oder eine bessere Vorbereitung auf die nächste »Gesundheitskrise«. Sie versprechen einem Menschen, dem metaphysische Ziele und Werte weitgehend abhandengekommen sind, die unendliche Verbesserung seines irdischen Daseins.

Das ist ein Prozess, der nun in die Phase der »Selbstverbesserung« eingetreten ist. Der Mensch erhebt sich mittels Technik über sich selbst – und wird zur gleichen Zeit und im gleichen Maße von ebendieser Technik und ihren Ansprüchen unterjocht. Schon Max Horkheimer stellte bereits 1947 fest: »Je mehr Apparate wir zur Naturbeherrschung erfinden, desto mehr müssen wir ihnen dienen, wenn wir überleben wollen.«[37] Auf der Suche nach Selbsttranszendenz unterwirft sich der Zauberlehrling den Geistern, die er rief.

In diesem Prozess der dauernden, technikgesteuerten und profitgetriebenen Selbstoptimierung des menschlichen Körpers und Geistes tritt nun die neue Impftechnik auf die Bühne. Die mRNA- und DNA-Impfung ist nicht nur ein schneller, einfacher Stich, sondern, wie der österreichische Publizist Gerald Ehegartner schreibt, »sie ist der Spaten-Stich für eine technokratische Transformation der uns bekannten Welt in einen Transhumanismus. Die Verschmelzung von Mensch und Maschine bis hin zur Reduzierung des Menschen auf ein willenloses Datenpaket, das sich in Echtzeit in den Informationsfluss eingliedert, nimmt immer konkretere Formen an.«[38]

Der Mensch, der hier angesprochen wird, ist nicht der Mensch, den etwa die Philosophen des Humanismus und der Aufklärung im Blick hatten. Es ist der auf seine Körperlichkeit und sein materielles Existieren reduzierte Mensch. Seit der antiken griechischen Philosophie unterscheidet die Anthropologie zwischen dem physischen Leben des Menschen an sich (zoé) und dem vernunftmäßig beseelten Leben (bíos). Der Mensch gehört somit zwei Reichen an; als »menschliches Tier« ist er Gegenstand der »Zoologie«, in seiner Sonderstellung als vernunft- und sprachbegabtes Wesen (zóon logon echon) jedoch lässt sich sein Leben unter den Gesichtspunkten des Lebens in der Gemeinschaft betrachten. Erst der Mensch als zóon politikón, also als ein Lebewesen, das auf Gemeinschaft angewiesen ist, sucht nach einer höheren Möglichkeit für ein gutes und gelingendes Leben als der, die ihm bloße materielle Sicherheit bietet.

Erst der Mensch, der nach den höheren Möglichkeiten eines gelingenden Lebens fragt, braucht Freiheit und Selbstbestimmung im eigentlichen Sinne. Für das Tier, dem es nur um Sicherheit und Versorgung geht, spielen diese Werte keine Rolle. Gerade die modernen Bio- und Medizintechniken aber richten sich vor allem auf die Umgestaltung des nackten physischen Lebens, während die Fragen nach dem guten Leben und der metaphysischen Dimension des Menschen ausgeklammert sind. Mit der Massenimplementierung der Impfung laufen wir Gefahr, unseren Fortgang auf dem Weg der ewigen Selbstoptimierung des Menschen unumkehrbar zu machen – einer Optimierung, die zugleich sein Tod ist. Der Tod des Homo sapiens sapiens als bíos, als ein auf Gemeinschaft, Glück, Menschenwürde und Selbstbestimmung angelegtes Wesen. Dieser Gefahr ins Auge zu sehen, macht es notwendig, die Frage zu stellen: Verbessern wir uns zu Tode?

Weil wir es können

Die Veränderung des Selbstbilds des Menschen hin zu einem durch (Natur-)Wissenschaft restlos erklärbaren Objekt bringt es mit sich, dass der Mensch sich in Analogie zur beherrschbaren Natur zu betrachten lernt. Für ihn, der alles in Zweck-Mittel-Relationen zu beschreiben gelernt hat, ist selbstverständlich auch die Natur Gegenstand seines verändernden und planenden Zugriffs. Ebenso wie die nichtmenschliche (und eigentlich tote) Natur verändert, verbessert und beherrscht werden muss, geschieht Gleiches nun auch mit der biologisch-menschlichen Natur. Der französische Philosoph Paul Virilio formuliert in »Die Eroberung des Körpers« so:

»Nachdem die Entwicklung der Wissenschaften und der technischen Wissenschaften schon seit Langem zur exzentrischen Kolonisierung der geografischen Ausdehnung des territorialen Körpers wie der geologischen Dichte der Erde beigetragen hat, führt die jüngste Entwicklung in diesen Bereichen jetzt zu einer fortschreitenden Kolonisierung der Organe und Eingeweide des menschlichen Körpers […]«[39]

Im Zuge dieser Kolonisierung wird der Körper des Menschen reduziert zum Mittel in einer endlosen Reihe von Mittel-Zweck-Relationen: Zweck ist die Volksgesundheit und das bloße Am-Leben-Sein der Massenmenschen (hier von »Gesundheit der Menschen« zu reden, spräche jedem ganzheitlichen Bewusstsein von Gesundheit Hohn), Mittel ist die Impfung – also reihe sich der einzelne Körper ohne Widerworte in diese Kette ein. Selbstverständlich macht die Kolonisierung des Körpers des Menschen nicht vor seinem Geist halt. Nach und nach verliert er das Verständnis dafür, dass der beseelte Mensch mehr sein soll als ein gut geöltes Rädchen in der Maschine oder eine weitere möglichst effizient zu nutzende Ressource. Was soll aber das Ziel all dieses Strebens und Fortschreitens sein? Darüber zu spekulieren ist jedoch dem instrumentellen Denken gänzlich fremd, und Philosophen, die sich über die Zwecke und Ziele einer Entwicklung Gedanken machen, werden schnell mit dem Etikett »Fortschrittsfeind« oder »Wissenschaftsleugner« behängt. Die Frage nach der Vernünftigkeit von Mitteln wie der Impftechnik nämlich erschöpft sich gänzlich in der Frage nach ihrer Zweckmäßigkeit, ein Ziel zu erreichen, das allerdings durch ihre bloße Existenz und Verfügbarkeit, also durch den Zwang der Sachgesetzmäßigkeiten, vorgegeben wird. Ein Zirkelschluss. Weil wir impfen können, haben wir auch das Ziel, zu impfen. Dies bewirkt eine »vollständige Transformation in eine Welt, die mehr eine von Mitteln ist als von Zwecken«, schreibt Max Horkheimer. In dieser Welt werden Mittel wie die Impfung auf magische Weise zu Zwecken, weil diese Mittel wesenhaft mit ökonomischer Macht, hier der der Pharmaindustrie, verbunden sind.

So muss man konstatieren: Die Möglichkeit, Mittel zu erfinden, sie zu produzieren und zu verteilen, begründet im wissenschaftlich-technischen Zeitalter eine politische, wirtschaftliche und gesellschaftliche Macht, von der die Tyrannen früherer Epochen nicht zu träumen gewagt hätten.

Für den Menschen bedeutet dies wiederum, dass sich seine persönlichen Zwecke den Zwecken derer unterzuordnen haben, die die Mittel produzieren. In unserem Falle die Pharmaindustrie. Je mehr wir dem biopolitischen Imperativ folgen, desto mehr stehen wir unter dem Zwang, uns den technischen Gegebenheiten und ihrer Bedienungsvorschriften unterzuordnen. Die Folge, so Horkheimer: »Um zu überleben, verwandelt der Mensch sich in einen Apparat.«[40] Konkret gesprochen: Wir werden nach und nach zum Anhängsel der Impftechnik, und zwar auf Dauer. Denn die einmal eingeführte und gesellschaftlich akzeptierte Technik wird nicht ohne Folgen bleiben, die wiederum technische Weiterentwicklungen vonnöten machen wird – Weiterentwicklungen, die wir mit der gleichen Begründung der Sachgesetzmäßigkeiten über uns und unsere Körper ergehen zu lassen haben. Natur und Mensch werden diesem Prozess vollständig unterworfen und verlieren ihren Eigenwert bzw. ihre Würde.

Das instrumentelle Denken ist in einer Weise eindimensional, die es erst denkmöglich macht, einen »Krieg gegen das Virus« im Sinne des Imperativs der Naturbeherrschung führen, ja gar gewinnen zu können. Der eindimensional denkende Mensch begreift nicht mehr, wie sehr er die genuin menschliche Komponente im Kampf gegen die Natur völlig außer Acht lässt und dabei die bestehenden Machtverhältnisse stärkt.

In dieser Welt behauptet sich die Biopolitik durch die normative Macht des Faktischen. Zum einen, weil mit der Feststellung der »epidemischen Lage nationaler Tragweite« ein Sachverhalt existiert und zum anderen, weil etwa mit der Impftechnik eine (Herrschafts- oder Bio-)Technik erfunden ist und die Politik sich nun gezwungen sieht, sich ihrer zu bedienen. So gelingt es der Biomacht, durch konsistente Anwendung ihrer Instrumente auch das moralische Instrumentarium der Gesellschaft zu verändern. Die Biopolitik sieht den Menschen nicht als bíos, sondern als zoé, dessen nacktes Überleben nicht nur Sache des Staates sein soll, sondern der auch alle anderen Belange, Werte und Bedürfnisse weichen müssen.

Die österreichische Bioethikkommission hat Ende Oktober 2021 beispielsweise einen Satz geprägt, der seither vielfach zitiert wurde: »Eine Pandemie ist keine Privatsache«. Es gibt dementsprechend im Pandemieregime, aber zunehmend auch in allen anderen Regimen, die nach der neuen Logik der Biosecurity verfahren, keine dem politischen Zugriff entzogene Sphäre. Weder der Kirchenraum noch die Privatwohnung bleiben dem Individuum als gesichertes Refugium. Selbst das Auswandern würde – angesichts der Globalität der Machtergreifung – nur einen kurzfristigen Problemaufschub bedeuten. Der vom staatlichen Pandemiemanagement implementierte »Impferativ« bedeutet ein drastisches Menetekel für den bereits begonnenen und weiter andauernden Verlust des Privaten (von lat. privare = entziehen – nämlich dem Zugriff anderer, vor allem der Obrigkeit entziehen).

Wenn die Differenz zwischen zoé und bíos im modernen Biostaat schwindet, schwindet auch die Differenz zwischen Privatbereich und öffentlichem Leben im modernen Leben. Das Resultat ist die totalitäre »Vergesellschaftung« des menschlichen Lebens, der gänzlich im Kontroll- und Einflussbereich des Staates aufgeht. Alles, noch die kleinste »private« Entscheidung, wird politisch; der Mensch wird zum nackten Leben und sein Körper zum bloßen Objekt der Verwaltung. Paul Virilio schreibt: »Es handelt sich um die letzte politische Form einer Domestizierung, mit der jetzt – als Fortführung der genetischen Manipulation der Tiergattungen und der Dienstbarmachung der sozialen Verhaltensweisen des Menschen – das Zeitalter der verinnerlichten Komponenten anbricht.«[41]

Die nur noch über ihren Körper definierten Menschen bewegen sich in zunehmendem Maße im moralfreien Raum, der durch die Herrschaftsstrukturen der Biomacht kontrolliert und überwacht wird.

Kapitel 8

DER EINZELNE GEGEN DAS KOLLEKTIV

Die Impffrage reiht sich prominent ein in die Bestrebungen der Biomacht, ihre Herrschaftsstrukturen als nicht hinterfragbar erscheinen zu lassen. Wie wir auf sie antworten, ist nicht nur eine Antwort auf die Frage, welche Menschen wir sein und welche Art von Zusammenleben wir gestalten wollen, sondern auch ein vielleicht letzter, immerhin aber unabdingbarer Moment des Widerstands. Es handelt sich daher nicht bloß um eine private Angelegenheit. Zwar ist die Einstellung, die Impfentscheidung solle doch bitte frei bleiben, es müsse jeder für sich selbst entscheiden, wie er zu dem Thema stehe, eine notwendige Voraussetzung für eine freie und moralische Wahl. Sie ist zudem die erste Gegenwehr gegen eine Biomacht, die diese Entscheidungsgewalt paternalistisch oder gar autoritär vom Individuum auf den Staat verschieben will. Doch zugleich muss eine solche Entscheidung immer auch vor dem Hintergrund der hier aufgezeigten Horizonte getroffen werden: Der Einzelne muss sich, bevor er diese Entscheidung trifft, eingestehen, dass es (mit Vogelgrippe, Schweinegrippe, MERS u. a.) in der Vergangenheit deutliche Bestrebungen gab, eine pandemische Situation (v. a. medial) herzustellen und für die Entwicklung und den Einsatz der neuen Technik zu instrumentalisieren. Er muss erkennen, dass der Impftechnik in der öffentlichen Rhetorik die Rolle des Heiligen Grals zugesprochen wird, ein magisches Heilsversprechen, das sie nie und nimmer erfüllen wird. Und er muss sich darüber im Klaren sein, dass seine Entscheidung pro oder contra Impfung derzeit, da wir auf einem schmalen Grat wandern und der Boden bereits zu rutschen begonnen hat, eine Entscheidung über den Fortgang unserer Gesellschaft ist: Kippen wir weiter hin zu einer technokratisch verwalteten Welt oder gelingt es uns, den Weg selbstbestimmt in Richtung einer Welt freier Menschen zu gestalten, deren Rechte nicht von ihrem Biostatus abhängig gemacht werden können?

Unsere Entscheidung (solange überhaupt noch eine echte und bewusste Möglichkeit der Entscheidung bleibt), gibt der Welt eine Antwort auf die Frage, wer wir sind und wer wir sein wollen: glückliche Sklaven des Biowohlfahrtsstaates, die die am Horizont erscheinende schöne neue Welt dankbar begrüßen, oder freie Menschen, die bereit sind, sich auch in aussichtslos scheinenden Lagen gegen den Verfall zu stemmen und für ihre Freiheit einzusetzen.

Machen wir uns nichts vor: Die derzeitige Lage ist einmalig, und doch nicht gänzlich ohne Vorbild. Die Geschichte der Menschheit ist eine andauernde Abfolge von Kämpfen des Individuums gegen das Kollektiv. Sie ist in diesem Sinne die Geschichte der Selbstbefreiung des einzelnen

Menschen von seiner Vereinnahmung durch das größere Ganze – ob es sich Gemeinschaft, Gesellschaft oder Nation nennt. Wenn wir ehrlich sind, müssen wir gestehen, dass in der Summe all dieser Schlachten und Kämpfe, die auf religiösem, intellektuellem, kulturellem, politischem oder tatsächlich militärischem Gebiet ausgefochten wurden, das Individuum bisher mehr Niederlagen einstecken musste als es Siege einfahren konnte. Zumindest waren seine Siege nie von dauerhafter Natur; eine Tatsache, die zum Wesenskern dieses Teils der Menschheitsgeschichte zu gehören scheint: Siege des Individuums, die zugleich Siege der Freiheit sind, werden immer nur punktuell erfochten und verlieren ihre Wirkung schon bald, weil sowohl die Mächte des Kollektivs immer wieder bereit sind, ihr Haupt zu erheben und sich den Einzelnen in seinem Drang zu Selbstbestimmung und Freiheit zu unterwerfen, als auch die »befreiten« Menschen selber sich ihrer (von anderen, zumeist ihren Vorfahren) errungenen Freiheit allzu gewiss werden und sie daher für selbstverständlich halten – und daraufhin von ihrem Drang ablassen, sie immer wieder zu verteidigen.

Das Erstaunliche bei dieser andauernden Abfolge der Kämpfe, die das Individuum gegen das Kollektiv und für seine Freiheit bestreitet, ist die Wandelbarkeit, mit der das Kollektiv auf der Bühne der Weltgeschichte auftritt. Ob es die Religion, die Konfession, die Rasse, die Klasse, das Volk oder die Nation ist – stets sind es »Wesenheiten«, die allgemein für gut gehalten werden und auf die ein oder andere Weise unantastbar sind, die zu diesem Zwecke angerufen werden. Wer in Verdacht gerät, sich gegen diese Götter gestellt zu haben und ihre Macht und Allgüte anzuzweifeln, ist im Verlauf der Menschheitsgeschichte noch stets zum Ketzer und Abtrünnigen erklärt worden – selbst in Zeiten, in denen die Menschen in ihren Schul- und Geschichtsbüchern vor allem die vorbildhaften Schicksale großer Einzelner vorgeführt bekommen, die mit ihren Zeitgenossen oft im blutigsten Widerstreit lagen und gerade deswegen für den Fortschritt der Menschheit gesorgt haben und zum Vorbild geworden sind.

Heute heißen die Götter, die zum Zweck der Vereinnahmung für das Kollektiv ins Feld geführt werden, freilich nicht mehr »Rasse«, »Klasse« oder »Nation«. Die Verkleidung, die das Kollektiv sich in modernen westlichen Staaten umgehängt hat, trägt den Namen »Wirtschaftswachstum«, »materieller Wohlstand«, »innere Sicherheit«, »rechtsstaatliche Ordnung«, »Demokratie«, »demokratisches Staatswesen«, »Gleichheit«, »soziale Gerechtigkeit« oder – seit neuestem und zugleich (tragische Ironie der Zeitläufe) ein weiteres Mal – »Volksgesundheit«.

Diese Götter müssen zugleich angebetet und geschützt werden, was nur durch Aufopferung des Einzelnen geschehen kann. Nur wenn der Einzelne die egoistischen Zwecke seines unbedeutenden Ich aufgibt und »solidarisch« auf seine Luxusfreiheiten verzichtet, kann das größere Ganze gerettet werden, dem wir doch alles verdanken.

Ein zweites Phänomen, das zum Erstaunen anregt: So deutlich die Muster der jüngeren Menschheitsgeschichte sich abbilden, die als dauernd scheiternde, dauernd gefährdete und doch dauernd verzweifelt versuchte Selbstbefreiung des Menschen gelesen werden kann, so vorhersagbar fällt die Masse der Menschen auf die immer neuen, und doch zugleich alten Verkleidungen ihres Feindes in diesem Kampf herein.

Obwohl die Sachwalter des Kollektivs seine Namen und seine Götter nicht eben subtil ins Feld führen, um den Einzelnen zu Gehorsam und Fügsamkeit zu verpflichten, lässt sich die Masse der Menschen doch immer wieder aufs Neue von der Verführungskraft der jeweiligen Kollektivideologie (die freilich in ihrem Kern immer dasselbe ist und immer dasselbe will) bezirzen.

Schließlich hat sie ja viel anzubieten: das Gefühl der Zugehörigkeit zur Mehrheit sowie das Gefühl, das moralisch Richtige zu tun oder zumindest das, was in den Augen der Mehrheit, der Meinungsführer oder der eigenen Peergroup als das moralisch Richtige angesehen wird. Dabei bekommt es den meisten besser, gar nicht erst zu erkennen, wie sehr man von einer fremden Sache in Anspruch genommen wird. Es verspricht so viel, sie als die eigene Sache ausmachen zu wollen und sich ihr freudig und voller Selbstaufgabe in die Arme zu werfen: die Verheißung von Sicherheit, Gesundheit – oder zumindest Abwesenheit von Krankheit – und die Verheißung, einst genossene Freiheiten wiederzuerlangen, indem man sich dem neuen Regime unterwirft, das eben diese Freiheiten erst genommen hat, um sie daraufhin zu verhandelbaren und bedingten Privilegien zu erklären.

Wer da nicht schwach wird, muss schon ein ganz und gar unbelehrbarer Sozialschädling sein, ein »Staatsfeind« eben, wie es in der Diktion der neuen Normalität heißt. Seltsamerweise gilt der Einzelne, der sich den Zumutungen des Kollektivs widersetzt, als »egoistisch«, obwohl doch gerade er es ist, der auf all die hier aufgezählten Annehmlichkeiten, vom Gefühl der Zugehörigkeit und Sicherheit bis zu dem neugewährter »Freiheit« (von Bratwürsten und sonstigen Bestechungsartikeln mal ganz abgesehen), verzichtet – und gerade die Fügsamen doch eher aufgrund einer vielleicht verständlichen, aber eben doch egoistischen Motivation, sich wieder sicher zu fühlen und wieder am gesellschaftlichen Leben teilnehmen zu dürfen, sich dem, was das Kollektiv von ihnen verlangt, unterwerfen.

Ich habe von den mannigfaltigen Verkleidungen gesprochen, die sich das Kollektiv im Verlauf der Menschheitsgeschichte umhängt, um sein Wesen zu verschleiern. Sie erscheinen neu, sind aber doch immer wieder die gleichen alten Anrufungen des großen Ganzen, dem sich der Einzelne unterzuordnen habe. Doch die Verkleidung, die das Kollektiv sich dieses Mal ausgesucht hat, hat tatsächlich etwas Neuartiges an sich.

Wir leben in einer Zeit, in der die Ansprüche des Kollektivs in einer nie da gewesenen Intensität der Masse aller Menschen spürbar auf den Leib rücken – und noch einen Schritt weiter. Mit der Biotechnologie der Impfung und der mit ihr verbundenen anderen Technologien der Biomacht, von Maskenpflichten, »Social Distancing«, pauschalen Einsperrungen, Quarantänelagern über die in den Sozialen Medien betriebene Zensur und die Herstellung von Diskurshegemonie durch einseitig besetzte Talkshows und voreingenommene »Faktenfinder« bis hin zu überbordendem Kontroll-, Überwachungs-, Nachverfolgungs-, Datensammel- und Digitalisierungswahn – mit dieser zu einem einzigen monströsen Konglomerat zusammengewachsenen Technik der Biomacht erhebt das Kollektiv heute seinen Anspruch direkt auf die Körper der Menschen.

Insofern ist der Corona-Protestler tatsächlich ein »Staatsfeind«, aber in einem anderen Sinne, als Verfassungsschutzpräsident Thomas Haldenwang den Begriff verwendet, der mit Bezug auf die Teilnehmer von Maßnahmendemonstrationen von einer »neuen Szene von Staatsfeinden«[42] spricht. Wer sich gegen diese Entwicklung stemmt, weil er die Freiheit des Individuums gegen die Zumutungen des biopolitisch agierenden Kollektivs verteidigen will, ist nicht etwa ein Feind des demokratischen Rechtsstaates und seiner Repräsentanten. Er verachtet sie nicht in ihrer Funktion, und er lehnt unser demokratisches Staatswesen nicht grundlegend ab – im Gegenteil: Er will es erhalten und seine freiheitssichernden Institutionen wieder funktionsfähig machen. Und doch ist er ein Staatsfeind. Er ist ein Feind des neuen postnationalen Regimes, des neu entstandenen globalen, feudalistischen Staates, der seine Allmacht auf die neuen Götter gründet.

Impfung als Akt der Unterwerfung

Mit der Impfung haben wir für diese Neuartigkeit ein zugleich symbolisches wie ganz handfest-buchstäbliches Beispiel. In dem Maße, wie sie uns »auf den Leib rückt« bzw. »unter die Haut« geht, rückt uns das Kollektiv nahe – und umgekehrt. Die neuartige Macht des Kollektivs ist zugleich abzulesen an seinem Willen und seiner Fähigkeit, eine der letzten Grenzen, die Körperliche des einzelnen Menschen, zu überschreiten. Die roten Linien, die sie einmal überschreitet, sind auf absehbare Zeit nicht mehr klar und deutlich zu ziehen. (Und das nicht nur, weil einmal erlassene Gesetze und behauptete Machtbefugnisse sich nicht von allein rückgängig machen, sondern auch, weil das alltägliche Handeln Gewohnheiten entstehen lässt, denen die Verhältnisse der »alten Normalität« bald schon völlig unverständlich und fremd erscheinen.) Was in zahlreichen Kämpfen für die Freiheit als ein für alle Mal unantastbare, weil in der sakrosankten Idee der unveräußerlichen Menschenwürde zementierten Grenze galt, verliert im Triumphzug der Biomacht seinen orientierenden Halt.

Noch einmal: Der Akt der Impfung ist daher (unter den derzeitigen Bedingungen) nicht bloß ein privater, unpolitischer, den jeder Mensch für sich selbst zu bewerten und entscheiden habe, je nach persönlicher Risikoeinschätzung. Der Akt der Impfung ist die symbolische und ganz reale Unterwerfung unter die Biomacht, die die über Jahrhunderte errichteten und mühsam verteidigten roten Linien und Grenzen kurzerhand überschreitet.

Diese Feststellung würde sich in keinster Weise mit einer Verschiebung des Kosten-Nutzen-Verhältnisses ändern. Selbst wenn die (durch indirekten oder direkten Zwang) verabreichte Spritze nur eine Kochsalzlösung erhielte, also keinerlei mögliche Schädigungen und Nebenwirkungen zu erwarten wären oder, andersherum formuliert, wenn sie alle Krankheiten der Welt hinwegnähme, so wäre doch allein die Tatsache, dass das Kollektiv seine Macht so unverblümt bis in die Körper der Menschen hinein ausüben kann, ein Zeichen der erneuten Unterwerfung des Einzelnen, also eines erneuten Siegs der Unfreiheit über die Freiheit.

Diese Überlegung unterscheidet den Ansatz einer »Ethik des Impfens«, die ich hier vorbringe, von einer bloßen Abschätzung von Technikfolgen oder der Abwägung von erwartbarem Nutzen und befürchtetem Risiko. Diese Überlegungen sind immer von der jeweils präsentierten (oder ausgewählten) Datenlage abhängig, die sich derzeit zudem als sehr vorläufig darstellt; zudem neigen sie dazu, die Herrschaftsverhältnisse zu ignorieren, die es durch einen ebenso blitzkrieghaften wie penetranten Propagandafeldzug überhaupt möglich gemacht haben, dass die Impfung in der Mehrheit der Bevölkerung als alternativlos und unbezweifelbar gilt.

In diesem Sinne vernachlässigen die herkömmlichen Reflexionen über Vor- und Nachteile des Impfens (und der Impfpflicht) das größere Bild, den Rahmen der Entstehungsbedingungen, die die Brisanz der Frage überhaupt erst begründen.

Dieses größere Bild zeigt sich umso deutlicher, je mehr wir die Impfung als Symbol begreifen. Es ist noch nicht ganz begriffen, aber es wird deutlich werden, wie sehr die Impfung als Methode der technischen Naturbeherrschung der Atomkraft an die Seite gestellt werden kann. Seit Mitte des letzten Jahrhunderts war die Atomkraft das Menetekel, auf das hellsichtige Warner und Mahner (die auch damals freilich als »Staatsfeinde« galten) aufmerksam machten. Die Doppelnatur der Nukleartechnik, die zugleich Segen und Unheil bedeuten kann, steht uns Heutigen unverkennbar vor Augen. Doch das war nicht immer so. Sicherlich haben vor allem die menschengemachten Katastrophen von Hiroshima und Nagasaki bis Tschernobyl und Fukushima dafür gesorgt, dass die gefährliche Ambivalenz der so lange Zeit als Segnung empfundenen neuen Technik als solche erkannt werden konnte. Aber auch die intellektuellen Leistungen eines Hans Jonas oder Günther Anders haben das Ihre zu unserer heutigen Sicht auf die Atomkraft, die von großer Vorsicht geprägt ist, beigetragen.

Ein mit den Atomkatastrophen vergleichbares Ereignis in Bezug auf die Impfung fehlt uns, zum Glück. Es ist zu wünschen, dass es so bleibt und dass die Warner und Mahner Unrecht behalten – die Besten unter ihnen wünschen nichts mehr als das. Doch unabhängig von den quantifizierbaren »Kollateralschäden« einer Technik muss etwas in Betracht genommen werden, das auf ihr Wesen ein ganz besonderes Licht wirft.

Die Impfung ist – darin der Atomkraft durchaus vergleichbar – Zeugnis des offenbar unstillbaren Verlangens des Menschen, sich die Welt untertan zu machen. In ihr zeigt sich nichts weniger als das faustisch-verzweifelte Bestreben der Moderne, alles »Gegebene in ein Gemachtes zu verwandeln«[43] – also Natürliches in Künstliches.

Die Impfung, die das natürliche Immunsystem in ein künstlich augmentiertes verwandelt, ist in dieser Hinsicht in unserem Jahrhundert eine Schlüsseltechnik, weil an ihrem Stand die Bereitschaft der Menschen abgelesen werden kann, zwecks Unterwerfung der Natur auch hohe Kosten einzugehen. Diese Kosten bestehen aber, anders als bei der Atomkraft, in der Tatsache, dass der Mensch selber und sein Körper zu eben dem Teil der Natur (gemacht) werden, die zu unterwerfen ist. Nicht von ungefähr handelt es sich bei der Impfung um eine Form der Gentechnik. Auch wenn es bei ihr nicht um einen Eingriff in die Keimbahn geht, geht mit ihrer Entwicklung und vor allem mit ihrem massenhaften Einsatz eine Veränderung des Bildes einher, das der Mensch von sich selbst hat. Sein Selbstverständnis wird dem Menschen unweigerlich zu einem Faktor, der seine Existenz auf Erden beeinflusst, wie schon Karl Jaspers wusste:

»Denn das Bild des Menschen, das wir für wahr halten, wird selbst ein Faktor unseres Lebens. Es entscheidet über die Weisen unseres Umgangs mit uns, mit den Mitmenschen, über Lebensstimmung und Wahl der Aufgaben.«[44]

Mit der massenhaften Anwendung der Technik einer Impfung, mit der das menschliche Immunsystem regelmäßig geupdatet werden muss, damit der »Patient Mensch« sich überhaupt als nicht-krank bezeichnen kann (ein Status, von dem seine Teilhabe am gesellschaftlichen Leben abhängig gemacht wird), wird das Selbstbild des Menschen hin zu einem per definitionem unselbstständigen Mündel verändert.

Er ist nie von sich aus gesund, bis das Gegenteil »bewiesen« wird. Schon gar nicht wird sein Gesundheitszustand von seinem subjektiven Erleben abhängig gemacht, sondern von einem testbaren, quantifizierbaren und damit in Daten umwandelbaren, »objektiven« Ergebnis. Eine Infektion wird in dieser neuen Normalität als »schmutzige Impfung« (Karl Lauterbach) bezeichnet.

Der Mensch dieser Welt, so gesetzestreu, unbescholten, unschuldig und gesund er auch sein mag, ist nie von sich aus frei, sondern den Launen bürokratischer Verordnungen unterworfen, die ihm Rechte nach Belieben zu- und absprechen können. Vor Ausgrenzung und Einschließung ist er nie sicher; stets muss er einen für ihn undurchschaubaren Urteilsspruch fürchten, halb Held einer griechischen Tragödie, halb Protagonist einer Kafka'schen Erzählung.

Der Mensch, der sich an diese neue Normalität gewöhnt, ist ein ganz und gar abhängiger. Er ist zum Objekt der Verwaltung geworden, das im Austausch gegen seine Selbstbestimmung vermeintliche Sicherheiten erhält. Freilich ist dies nur die eine Hälfte der Wahrheit. Zur anderen gehört es, sich wieder darüber bewusst zu werden, dass verwaltete Sicherheit und übersteigerte Macht zwei Namen eines Begriffes sind. Dieser Begriff lautet »Technokratie«.

Wie alle Herrschaftsformen kann die Technokratie nur herrschen, wenn die Bereitschaft der Menschen, sich ihr zu unterwerfen, in ausreichendem Maße vorhanden ist. Mit dem Auf-den-Leib-und-unter-die-Haut-Rücken der Impfung, die so intensiv wie invasiv, so beschleunigt wie überdimensional in den Körper unserer Gesellschaften implementiert wird, wird deutlich, wie groß das stillschweigende Einverständnis der Menschen, sich technokratisch verwalten und beherrschen zu lassen, bereits ist. Es ist das Einverständnis, sich zum abhängigen Teil eines Kollektivs zu machen, der von seiner einstmaligen Freiheit nichts mehr wissen will – geschweige denn, für sie kämpfen.

Kapitel 9

DIE ENTSCHEIDUNG

Noch stehen wir auf dem Berggipfel. Noch können wir nur schemenhaft erahnen, was uns bevorsteht, wenn es so weitergeht wie bisher. Denn noch bebt die Erde, noch drohen wir zu fallen. Doch gleichzeitig haben wir erkannt: Indem wir aktiv und bewusst weitergehen, erhalten wir uns die einzige Chance, auf den Fortgang Einfluss zu nehmen. Weitergehen können wir nur, wenn wir uns mehr Übersicht verschafft haben, mehr Übersicht, als uns eigentlich vergönnt zu sein schien, und mehr Einsicht in unsere Lage. Diese Übersicht und Einsicht bestehen nicht in einem Wissen, das sich in empirischen Studien bestätigen lässt oder seine Autorität von Expertenmeinungen abhängig macht. Es ist ein Wissen von einer anderen Art als das der Naturwissenschaften. Und auch wenn es von der Wahrnehmung dessen, was uns im Außen geschieht, befeuert wird, ist es doch ein inneres Wissen: ein Wissen darüber, dass der Nebel, der sich nun lichtet, bislang unsere Situation so sehr verschleiert hat, dass wir aus Angst, Sorge, Verschüchterung und Kraftlosigkeit beinahe eine leichtfertige Entscheidung getroffen hätten. Ein Wissen darüber, dass der Nebel ebenso wenig aus eigenen Stücken verschwinden wird, wie er aus eigenen Stücken aufgezogen ist und sich verdichtet hat. Der Himmel ist dunkel, unsere Lage ist unübersichtlich und das, was uns bevorsteht, so schwer auszumachen, weil all das dunkel, unübersichtlich und schwer erkennbar *gemacht* wurde. Und die, deren Aufgabe es wäre, diese Verhältnisse aufzuklären, haben zu wenig Interesse daran, bzw. sind selbst zutiefst in diese Mechanismen verstrickt. Wir wissen nun, dass wir in unsere Situation nicht durch eine unglückliche Verkettung der Umstände geraten sind: Das Beben, so namenlos und monumental-unmenschlich es auch erscheinen mag, ist nicht zufällig »ausgebrochen«, es ist kein unpersönliches, für das niemand Verantwortung zu übernehmen hat, sondern es ist in nicht unwesentlichen Teilen herbeigeführt, verstärkt und ausgenutzt worden. Dass der Boden unter unseren Füßen ins Rutschen geraten ist, dass so viele von uns wanken und einige bereits gefallen zu sein scheinen, ist das Ergebnis einer Schockstrategie, die dazu angelegt ist, uns Alternativlosigkeit vorzugaukeln: Als wäre die einmal eingeschlagene Richtung hin zu einer technokratisch verwalteten Biosecurity-Gesellschaft mit regelmäßigen, verpflichtenden und digital kontrollierten Immunsystem-Updates die einzig denkbare, ja gar die einzig menschliche. Dass wir die Illusion hatten, es gäbe nur diesen einen Weg »heraus aus der Pandemie« (und hinein in eine »Neue Normalität« der naturwissenschaftlich und pharmazeutisch unterstützten biotechnologischen »Verbesserung« des Menschen), ist die Folge einer konzertierten »Verwaltung der Angst« mitsamt einer Synchronisierung der Emotionen und einer Standardisierung der Meinungen[45], einer quasireligiösen Überhöhung der Impftechnologie, einer spalterischen Rhetorik der Verunglimpfung und Dämonisierung ihrer Gegner sowie einer Verschleierung der Kontexte, Hintergründe und Widersprüche, die zu einer realistischen Einschätzung der Situation vonnöten gewesen wären.

Sich dies, wie unvorstellbar es auch scheint, immer wieder bewusst zu machen, ist die wichtigste Voraussetzung dafür, eine moralisch grundierte Beurteilung der Impffrage zu treffen. Wir brauchen einen Raum des Nachdenkens, einen Augenblick der Stille, den man uns mit Verweis auf die vermeintliche Dringlichkeit der Lage nicht gestatten will. Wir brauchen einen Raum der Reflexion und der Kon-Spiration, des »Zusammen-Atmens«: für Besinnung und die gemeinschaftliche Mitteilung unserer Erkenntnisse. Wie Henry Miller schreibt:

»Ein neuer Himmel und eine neue Erde! Können sie nicht ohne Gemetzel und Zerstörung erschaffen werden? Können wir nicht die törichte Maschine anhalten, eine moralische Pause erklären und mit einer frischen neuen Vision Ordnung, Harmonie, Gerechtigkeit und Frieden einführen?«[46]

Nur wenn wir diesen Raum der Reflexion betreten, können wir erkennen: Die Prämissen sind falsch, unter denen wir derzeit genötigt werden, die Impffrage zu beantworten. Die Frage nach der Ethik des Impfens ist keine, die in einem luftleeren Raum gestellt wird. Sie ist nicht zu vergleichen mit der Problematik, ob Impfen an sich gut oder schlecht ist, sondern eine, die ihre eigenen Voraussetzungen noch zu verschleiern weiß. Wir glauben, wir hätten keine Optionen. Das jedoch macht uns unfrei und eine moralische Entscheidung unmöglich. Wir müssen diese Voraussetzungen erkennen, sie uns bewusst machen und stetig benennen, wenn wir frei urteilen und entscheiden wollen. Seien wir ehrlich: Wie viele von uns würden die in Sachen Impfung eingeschlagene Richtung durch konformes Verhalten willfährig mitmachen, wenn die Prämissen für sie gar nicht gegeben wären?

Das einzugestehen, führt zu einem weiteren inneren Wissen – ein Wissen, das bislang eher ein Ahnen ist: Unsere Lage ist keine passive. Wir sind gegenüber der »törichten Maschine«, von der Henry Miller spricht, nicht zur Ohnmacht verdammt. Keine unsichtbare Hand wird den Nebel für uns zerreißen. Wir selbst müssen mit unermüdlicher Anstrengung dafür sorgen, dass der Himmel aufklart. Dass wir das können, haben einzelne mutige Vorreiter gezeigt, zeigt die Bereitschaft zur Unterstützung dieser Einzelnen und zeigen auch die massenhaften friedfertigen Proteste gegen die Alternativlosigkeit der Vorgänge.

Unsere Entscheidung muss sich letztlich aber auf ganz individueller Ebene zeigen. Die Entscheidung, einen eigenen Kieselstein in die Waagschale zu werfen, trotz der Ungewissheit, ob gerade dieser das Gewicht sein wird, dass das Pendel in die andere Richtung ausschlagen lässt. Es ist eine gravierende Entscheidung, die Auskunft gibt über unseren Willen, uns nichts vormachen zu lassen; eine Entscheidung, die große persönliche Opfer nach sich ziehen kann; sowie eine Entscheidung, mit der wir ganz eigensinnig für unsere Vision davon einstehen, was der Mensch sein – und bleiben – soll. All das macht sie zu einer existenziellen Entscheidung.

Mehr denn je können wir unsere Haltung, unsere Befürchtungen und Hoffnungen für die Zukunft unserer Gesellschaft und unsere Antwort darauf, zu welchem Zweck der Mensch auf der Welt ist, zum Ausdruck bringen, indem wir uns der politischen Eroberung des Körpers, der Vereinnahmung durch den politisch-pharmazeutisch-medialen Komplex und dem Gang in die biodigitale Knechtschaft verweigern, und diese Verweigerung existenziell fühl- und sichtbar machen. Das ist nicht wenig.

Denn »das, was der Mensch von sich denkt, das bestimmt sein Schicksal oder weist ihm den Weg« (H. D. Thoreau).

ENDNOTEN

1 Vgl. dazu und zum Folgenden Pieter Borger et al.: External peer review of the RTPCR test to detect SARS-CoV-2 reveals 10 major scientific flaws at the molecular and methodological level: consequences for false positive results. (https://cormandrostenreview.com/report/)

2 Eran Bendavid, Christopher Oh, Jay Bhattacharya, John P. A. Ioannidis: Assessing mandatory stay-at-home and business closure effects on the spread of COVID-19. (https://onlinelibrary.wiley.com/doi/full/10.1111/eci.13484).
Vgl. dazu für Deutschland auch die bereits im Mai erschienene statistische Untersuchung in dem von Göran Kauermann et al. herausgegebenen CODAG Bericht Nr. 16, die zu dem Fazit kommt: »Bei den R-Werten wie sie vom Robert-Koch-Institut täglich bestimmt werden, ergibt sich seit September kein unmittelbarer Zusammenhang mit den getroffenen Maßnahmen – weder mit dem Lockdown-Light am 2. November und der Verschärfung am 16 16. Dezember 2020, noch mit der »Bundesnotbremse«, die Ende April 2021 beschlossen wurde.« (https://www.covid19.statistik.uni-muenchen.de/pdfs/codag_bericht_16.pdf) sowie global die im Januar 2022 an der Johns Hopkins University erschienene Meta-Studie »A Literature Review and Meta-Analysis of the Effects of Lockdowns on COVID-19 Mortality« von Jonas Herby, Lars Jonung, and Steve H. Hanke (https://sites.krieger.jhu.edu/iae/files/2022/01/A-Literature-Review-and-Meta-Analysis-of-the-Effects-of-Lockdowns-on-COVID-19-Mortality.pdf).

3 Vgl. B. Kowall, F. Standl, F. Oesterling, B. Brune, M. Brinkmann, M. Dudda et al. (2021) Excess mortality due to Covid-19? A comparison of total mortality in 2020 with total mortality in 2016 to 2019 in Germany, Sweden and Spain. PLOS ONE, https://doi.org/10.1371/journal.pone.0255540

4 Im ursprünglichen Sinne lässt sich für die mRNA-Technologie die Bezeichnung »Impfung« gar nicht anwenden. Raymond Unger spricht in diesem Zusammenhang von einer »begriffliche[n] Mogelpackung« – als Impfung anerkannt worden sei die mRNA-Technologie erst nach jahrelanger intensiver Lobbyarbeit der Pharmaindustrie. (Raymond Unger: Das Impfbuch. Scorpio Verlag, München 2021, S. 13).

5 https://www.governor.ny.gov/news/rush-transcript-governor-hochul-attends-service-christian-cultural-center

6 https://www.rnd.de/politik/papst-franziskus-corona-impfung-ist-ein-akt-der-liebe-2X5R3PI25AYUDRDGS35ZERCM6M.html

7 https://www.merkur.de/politik/markus-lanz-zdf-talk-corona-impfen-astrazeneca-lauterbach-kekule-virologe-hamburg-90253268.html

8 https://bnn.de/nachrichten/baden-wuerttemberg/kretschmann-baden-wuerttemberg-parteitag-gruene-coronapandemie-impfung

9 https://www.katholisch.at/aktuelles/135468/kirchenzeitungen-mobilisieren- ihre-leser-fuer-corona-schutzimpfung

10 Vgl. dazu Michael Meyen: Die Propaganda-Matrix: Der Kampf für freie Medien entscheidet über unsere Zukunft. Rubikon 2021, sowie Marcus Klöckner: Zombie-Journalismus: Was kommt nach dem Tod der Meinungsfreiheit? Rubikon 2021.

11 Ich verweise vor allem auf die Bücher von Raymond Unger, Peter C. Gøtzsche, Sebastian Rushworth, Clemens Arvay und Beate Bahner.

12 Es ist nicht ganz leicht, die Begriffe »Ethik« und »Moral« trennscharf auseinanderzuhalten, zumal sie im allgemeinen Sprachgebrauch oft synonym verwendet werden und die philosophiegeschichtliche Verwendung differiert. Für unsere Zwecke scheint es sinnvoll, mit »Moral« einen gesellschaftlich etablierten Satz an Verhaltensregeln sowie ein (inter-)subjektives Empfinden und Urteilen über »gut« und »böse« zu bezeichnen und mit »Ethik« die abstraktere Reflexion über die Prinzipien solcher Regeln, solchen Empfindens und Urteilens.

13 Tracy Beth Høeg, View ORCID ProfileAllison Krug, Josh Stevenson, View ORCID ProfileJohn Mandrola: SARS-CoV-2 mRNA Vaccination-Associated Myocarditis in Children Ages

12-17: A Stratified National Database Analysis (https://www.medrxiv.org/content/10.1101/2021.08.30.21262866v1)

14 https://www.docdroid.net/xq0Z8B0/pfizer-report-japanese-government-pdf, https://childrenshealthdefense.org/defender/mrna-technology-covid-vaccine-lipid-nanoparticles-accumulate-ovaries/

15 Marieke Diegen: Schweinegrippe-Impfstoff löst bei Kindern Narkolepsie aus. DLF 19.12.2013 (https://www.deutschlandfunk.de/schweinegrippe-impfstoff-loest-bei-kindern-narkolepsie-aus-100.html)

16 https://www.swissmedicinfo.ch/ShowText.aspx?textType=FI&lang=DE&authNr=68225

17 Bill Gates am 12.4.2020 in den »tagesthemen« (https://www.youtube.com/watch?v=fg8bSv1TQow)

18 S. Pantazatos, H. Seligmann: COVID vaccination and age-stratified all-cause mortality risk. (https://www.researchgate.net/publication/355581860_COVID_vaccination_and_agestratified_all-cause_mortality_risk)

19 M. Neil, N. Fenton, J. Guetzkow, S. McLachlan: Latest statistics on England mortality data suggest systematic miscategorisation of vaccine status and uncertain effectiveness of Covid-19 vaccination. (https://www.researchgate.net/publication/356756711_Latest_statistics_on_England_mortality_d ata_suggest_systematic_miscategorisation_of_vaccine_status_and_uncertain_effectiveness_of_Covid-19_vaccination)

20 H. Jiang, Y. Mei: SARS–CoV–2 Spike Impairs DNA Damage Repair and Inhibits V(D)J Recombination In Vitro. (https://doi.org/10.3390/v13102056)

21 L. Abu-Raddad, H. Chemiaitelly, R. Bertollini: Severity of SARS-CoV-2 Reinfections as Compared with Primary Infections. https://www.nejm.org/doi/full/10.1056/NEJMc2108120

22 S. Gazit, R. Shlezinger, G. Perez, R. Lotan, A. Peretz, A. Ben-Tov: Comparing SARS-CoV-2 natural immunity to vaccine-induced immunity: Reinfections versus breakthrough infections. (https://doi.org/10.1101/2021.08.24.21262415)

23 F. Föhse, B. Geckin, G. Overheul, J. van de Maat, G. Kilic, O. Bulut: The BNT162b2 mRNA vaccine against SARS-CoV-2

reprograms both adaptive and innate immune responses. (https://doi.org/10.1101/2021.05.03.21256520)

24 S. Goldman, D. Bron, T. Tousseyn, I. Vierasu, L. Dewispelaere, P. Heimann et al.: Rapid Progression of Angioimmunoblastic T Cell Lymphoma Following BNT162b2 mRNA Vaccine Booster Shot: A Case Report (https://www.frontiersin.org/articles/10.3389/fmed.2021.798095/full)

25 Im Reich des Politischen drückt sich diese Abhängigkeit als vermeintliche Autorität der »Sachzwänge« und der »wissenschaftlichen Experten« über die Souveränität des Volks aus. Die Politik selbst kann sich hinter dieser selbstverschuldeten Abhängigkeit solange schadlos halten, wie es ihr genehm ist. So machte etwa Österreichs Kanzler Karl Nehammer das Ende der Impfpflicht davon abhängig, wenn die »Expertinnen und Experten« dies der Regierung vorschlagen.

26 Joshua Greene: Moral Tribes. Emotion, Reason, and the Gap Between Us and Them. Penguin Books 2014.

27 Nach der Impfung wurde ein Anstieg von Risikomarkern für Entzündungen am Herzen um mehr als das Doppelte für die Dauer von mindestens 2,5 Monaten nachgewiesen. In der Fachzeitschrift Circulation hieß es, dass dieser Anstieg den »Beobachtungen vermehrter Thrombosen, Herzmuskelschwäche und anderer kardiovaskulärer Ereignisse zugrunde liegen könnte.« Vgl. zu diesen und weiteren Risiken auch Raymond Unger: Das Impfbuch. Scorpio Verlag, München 2021, S. 13-79.

28 Vgl. z. B. https://www.zdf.de/nachrichten/sport/fussball-bundesliga-corona-impfung-herzprobleme-100.html; https://www.welt.de/sport/article236262674/Nach-Corona-Erkrankung-Auch-Aubameyang-und-zwei-Nationalspieler-Gabuns-mit-Herzproblemen.html

29 unter sonst gleichen Umständen

30 Hier etwa in der Stellungnahme von Tim Meyer, dem Leiter der medizinischen Kommission beim Deutschen Fußball-Bund: »Herzmuskelentzündungen sind als Impfnebenwirkung sehr selten, und sie scheinen auch meist harmlos zu verlaufen«, beteuerte der Leiter der Task Force Sportmedizin/Sonderspielbetrieb und betonte in diesem Zusammenhang: »Viel häufiger treten sie

hingegen als Komplikation bei einer Erkrankung mit dem Coronavirus auf.« (https://www.zdf.de/nachrichten/sport/fussball-bundesliga-corona-impfung-herzprobleme-100.html)

31 Diese Position ist auch Grundlage der Entscheidung, die das Bundesverfassungsgericht im Jahre 2006 zum Luftsicherheitsgesetz getroffen hat: »Dem Staat ist es im Hinblick auf dieses Verhältnis von Lebensrecht und Menschenwürde einerseits untersagt, durch eigene Maßnahmen unter Verstoß gegen das Verbot der Missachtung der menschlichen Würde in das Grundrecht auf Leben einzugreifen. Andererseits ist er auch gehalten, jedes menschliche Leben zu schützen. Diese Schutzpflicht gebietet es dem Staat und seinen Organen, sich schützend und fördernd vor das Leben jedes Einzelnen zu stellen; das heißt vor allem, es auch vor rechtswidrigen An- und Eingriffen von Seiten Dritter zu bewahren.«
Dass mit der Impfung ein Eingriff in das Grundrecht auf Leben verbunden ist, stellt das Bundesverfassungsgericht im Beschluss des Ersten Senats vom 10. Februar 2022 fest: »Im Einzelfall können auch schwerwiegende Impfnebenwirkungen eintreten, die im extremen Ausnahmefall auch tödlich sein können (vgl. Sicherheitsbericht des Paul-Ehrlich-Instituts vom 7. Februar 2022 – Verdachtsfälle von Nebenwirkungen und Impfkomplikationen nach Impfung zum Schutz vor COVID-19 seit Beginn der Impfkampagne am 27. Dezember 2020 bis zum 31. Dezember 2021 – S. 5, 8 f., 28 ff.).« (1 BvR 2649/21, Rn. 1-23, https://www.bundesverfassungsgericht.de/SharedDocs/Entscheidungen/DE/2022/02/rs20220210_1bvr264921.html)

32 Gott will es

33 Dies wirft ein Licht auch auf die Rolle der Ethikräte, die oftmals von derselben Politik eingesetzt und unterhalten werden, deren Handlungslinien sie im Nachhinein mit dem Anschein neutraler Wissenschaftsfreiheit legitimieren sollen. Abweichler werden da nicht etwa als notwendiges Korrektiv, als Ausweis weltanschaulicher Offenheit und als Bestandteil einer Pluralität begrüßt, wie etwa der Fall Christoph Lütge zeigt – umso weniger, je brisanter und politisch umkämpfter das verhandelte Thema ist.

34 Ivan Illich: Selbstbegrenzung. Eine philosophische Kritik der Technik. Rowohlt, Reinbek 1975, S. 30.
35 Ivan Illich: Selbstbegrenzung. Eine philosophische Kritik der Technik. Rowohlt, Reinbek 1975, S. 165f.
36 Michael Walzer: Sphären der Gerechtigkeit. Ein Plädoyer für Pluralität und Gleichheit. Campus, Frankfurt a. M. 1992, S. 138.
37 Max Horkheimer: Zur Kritik der instrumentellen Vernunft. S. Fischer Verlag, Frankfurt a. M. 1967, S. 97.
38 Gerald Ehegartner: Gedanken in einer (w)irren Zeit. Weltbuch Verlag, Sargans 2022.
39 Paul Virilio: Die Eroberung des Körpers. Vom Übermenschen zum überreizten Menschen. Hanser Verlag, München 1994, S. 108.
40 Max Horkheimer: Zur Kritik der instrumentellen Vernunft. S. Fischer Verlag, Frankfurt a. M. 1967, S. 95.
41 Paul Virilio: Die Eroberung des Körpers. Vom Übermenschen zum überreizten Menschen. Hanser Verlag, München 1994, S. 108f.
42 https://www.zdf.de/nachrichten/politik/verfassungsschutz-haldenwang-neue-szene-staatsfeinde-100.html
43 Gernot Böhme: »Das Gegebene und das Gemachte«. In: Phänomenologie und Kulturkritik. Über die Grenzen der Quantifizierung. Hrsg. von M. Großheim. Freiburg 2010, S. 140-150, hier: S. 143.
44 Karl Jaspers: Der philosophische Glaube. Piper, München 1974, S. 50.
45 Vgl. dazu Paul Virilio: Die Verwaltung der Angst. Passagen, Wien 2016, S. 31.
46 Henry Miller: Kinder der Erde. In: H. M.: Von der Unmoral der Moral und andere Texte. Rowohlt, Reinbek 1979, S. 30.

ÜBER DEN AUTOR

© Steven van Veen

GUNNAR KAISER ist Schriftsteller und Philosoph. Sein Sachbuch *Der Kult. Über die Viralität des Bösen* (Rubikon) belegte in der Woche des Erscheinens Platz 2 der Spiegel-Bestsellerliste. Sein Erstlingsroman *Unter der Haut* (Berlin Verlag) wurde bislang in sechs Sprachen übersetzt. Auf seinem viel beachteten Videokanal »KaiserTV« führt er mit zahlreichen Menschen erkenntnisreiche Gespräche, zuletzt etwa mit Gerald Hüther, Markus Gabriel, Ulrike Guérot, Hans-Joachim Maaz, Henryk M. Broder und Philipp Blom. Als freier Journalist arbeitet Kaiser für verschiedene Medien, darunter die *Neue Zürcher Zeitung*, die *Welt*, der *Schweizer Monat* und die *Berliner Zeitung*. Er ist Mitgründer der Online-Akademie »Symposium«.